Knaur

MASSAGE LEICHT GEMACHT

Knaur

CLARE HARRIS

MASSAGE
leicht gemacht

Einfache Techniken
für Partner- und
Selbstmassage
Mit CD

Wichtiger Hinweis
Die im Buch veröffentlichten Ratschläge wurden mit größter Sorgfalt von Verfasserin und Verlag erarbeitet und geprüft. Eine Garantie kann jedoch nicht übernommen werden. Ebenso ist eine Haftung der Verfasserin bzw. des Verlages und seiner Beauftragten für Personen-, Sach- oder Vermögensschäden ausgeschlossen.
Es wird empfohlen, dass Sie, bevor Sie eine Massagepraxis aus diesem Buch anwenden, einen Arzt oder Aromatherapeuten konsultieren, vor allem wenn Ihre Massagepartner unter gesundheitlichen Problemen leiden oder besondere Umstände vorliegen.

Bibliografische Information der Deutschen Bibliothek
Die Deutsche Bibliothek verzeichnet diese Publikation in der Deutschen Nationalbibliografie; detaillierte bibliografische Daten sind im Internet über **http://dnb.ddb.de** abrufbar.

Originaltitel: The Easy Massage Workbook
Originalverlag: Duncan Baird Publishers

Projektleitung: Franz Leipold
Übersetzung: Eva Lepold
Redaktion und Satz: Print Company Verlagsgesellschaft m.b.H., Wien
Umschlagkonzeption: Daniela Meyer
Druck: Imago
Printed in China

ISBN-10: 3-426-64347-2
ISBN-13: 978-3-426-64347-1

5 4 3 2 1

In Liebe für meine Mutter Nanette McLean.

Inhalt

IN DEM BUCH VERWENDETE SYMBOLE

3 **CD-Nummer**

✓ **Gut ...**

! **Vorsicht ...**

✕ **Vermeiden ...**

Vorwort

Vor 25 Jahren, als meine Kinder klein waren, meldete ich mich zu einem Abendkurs für Massage an. Zu meiner großen Enttäuschung wurde der Kurs abgesagt, bevor er überhaupt begonnen hatte. Jemand hatte befunden, es sei »eine unsachgemäße Verwendung öffentlicher Mittel«. Später fand ich eine andere Möglichkeit, Massage zu lernen, und ich lerne seither täglich dazu. Während der letzten 30 Jahre haben sich das Wissen und das Verständnis um den physischen und emotionalen Nutzen von Massage stark gewandelt. Und ich hatte das Privileg, eine kleine Rolle bei dieser Transformation zu spielen.

Ich lernte zu verstehen, dass wir alle unsere eigenen Muster chronischer Verspannung im Körper tragen und dass diese Muster körperlicher Verspannung normalerweise unsere emotionalen Spannungen und Überlastungen widerspiegeln. Oft realisieren wir nicht, wie viel Spannung wir in uns tragen, bis genug Zeit, Raum und Intimität es zulassen, dass die Hände eines vertrauten Menschen die Spannung aus uns herausstreichen und -kneten. Es ist schön, diese Verwandlung zu beobachten. Der Nutzen von Massage ist heute sehr gut erforscht – die sofortige positive Wirkung auf das Wohlbefinden beruht auf einfachen und geschickten Berührungen.

Es mag Sie so sehr überraschen wie einst mich, welche tiefe persönliche Befriedigung daraus erwächst, eine Massage zu geben. Sie werden erkennen, dass Ihre Berührung heilsam für die empfangende Person ist – auch wenn Sie es zuerst nicht glauben können, es ist wahr! Ich möchte Sie ermutigen, dieses Buch und die CD zu nutzen, um verschiedene einfache Massagetechniken und -abläufe zu erforschen und Ihr Selbstbewusstsein zu entwickeln. Mit der Zeit werden Ihre Hände »wissen«, was zu tun ist.

Zum Gebrauch dieses Buchs

Dieses Buch enthält Fotografien, eine CD und all die Information, die Sie benötigen, um eine Vielzahl von guten und einfachen Massagen zu erlernen. Bevor Sie diese ausprobieren, lesen Sie Kapitel 1, das den nötigen Hintergrund gibt. Es bietet Ihnen einen Überblick darüber, was Massage bewirken kann, wann Sie nicht massieren sollten, wie Sie sich selbst und den Massagebereich vorbereiten und wie Sie Bewusstheit und Einfühlungsvermögen gegenüber sich selbst und Ihrem Partner entwickeln.

Kapitel 2 zeigt neun Massagetechniken, die an verschiedene Körperbereiche angepasst werden können.

Kapitel 3 beschreibt verschiedene Abläufe, die Sie einzeln anwenden (wie etwa die Fußmassage) oder zu einer Ganzkörpermassage verbinden können.

Kapitel 4 schlägt zu dem, was Sie schon gelernt haben, einige Varianten vor, damit Sie Ihre Massage an verschiedene Bedürfnisse, wie etwa die Massage von Babys, Schwangeren oder Senioren, anpassen können.

Kapitel 5 zeigt Ihnen, wie Sie Ihre neuen Fertigkeiten für sich selbst oder auch für andere nutzen können, und eröffnet Ihnen einfache Selbstmassagetechniken gegen alltägliche Beschwerden.

Kapitel 6 stellt Ihnen schließlich einige der herrlichen Öle vor, die zum Massieren geeignet sind. Dort erfahren Sie, wie Sie die Öle am besten auswählen und lagern und aromatische Mischungen mit ätherischen Ölen herstellen.

Die CD gibt Höranleitungen für jede in Kapitel 3 beschriebene Massage und ist als Vervollständigung des Buchs gedacht. Betrachten Sie jedoch immer die Fotos und lesen Sie den Buchtext, bevor Sie mit dem Massieren beginnen, damit Sie sich jeden Griff vorstellen können – die CD hilft Ihnen dann, fließend von einer Technik zur anderen überzugehen.

KAPITEL 1: Einfache Prinzipien

Massage ist eine alte Heilmethode, die schon seit Jahrhunderten zur Entspannung, Schmerzlinderung und Förderung der allgemeinen Gesundheit angewandt wird. Es ist ebenso schön, sie zu geben, wie sie zu empfangen. Sie brauchen kein Experte zu sein, um massieren zu können: Schon eine simple zehnminütige Massage vermag den, der sie empfängt, zu verwandeln.

Dieses Kapitel bietet Ihnen das nötige Wissen, was Massage bewirken kann und wie sie sich im Lauf der Zeit entwickelt hat. Ich werde Ihnen erklären, wie Sie sich auf eine Massage vorbereiten, wie Sie mit den Körpersystemen arbeiten und worauf Sie ein besonderes Augenmerk legen müssen. Sie werden üben, sich nicht nur auf Ihren Partner, sondern auch auf sich selbst zu konzentrieren, sodass sich nach der Massage beide – Ihr Partner und Sie selbst – entspannt und erfrischt fühlen.

Was Massage bewirken kann

Wir brauchen von der Geburt an Berührung. Die Art, wie wir als Baby berührt und gehalten werden, ist für die Entspannung und Entwicklung unserer kleinen Körper entscheidend. Auch für Kinder, Jugendliche und Erwachsene ist Berührung eine wesentliche Unterstützung, ob als Trost bei Traurigkeit oder Sorgen, aus einem festlichen Anlass oder als freundschaftliche Geste. Wir brauchen unser ganzes Leben lang die Berührung von anderen Menschen.

Berührung kann jedoch für Erwachsene wegen sozialer Tabus und sexueller Problematik ein komplexes Thema darstellen. Verschiedene Kulturen haben unterschiedliche Einstellungen dazu, bis zu welchem Grad Berührung akzeptabel ist. Folglich leiden viele von uns unter Berührungsmangel, auch wenn wir uns dessen oft gar nicht bewusst sind. Außerdem führen die alltäglichen Belastungen dazu, dass die meisten von uns in ständiger körperlichen Spannung leben und dies kaum wahrnehmen, da wir es als »normal« empfinden. Berührung ist ein effektives Mittel gegen Anspannung. Eine gute, heilsame Massage vermittelt ein tiefes Gefühl der Entspannung und Ruhe. Sie kann einer verspannten, erschöpften Person neue Kraft schenken, aber auch jemanden beruhigen, der ständig »unter Strom steht« und nicht abschalten oder schlafen kann.

Versuche am Institut für Berührungsforschung an der Universität Miami haben viele der positiven Effekte von Berührung belegt. So fühlten sich Büroangestellte nach einer kurzen Rückenmassage durch ihre Kleider wacher, und der Pegel an Stresshormonen in ihrem Blut wurde merklich gesenkt. Kinder mit Asthma erlitten bei regelmäßiger Massage weniger Atemnot-Attacken und HIV-infizierte Menschen produzierten mehr natürliche Abwehrzellen als jene, die nicht massiert wurden. Außerdem stieg bei ihnen die Produktion von Serotonin, einem schmerzlindernden und stimmungssteigernden Hormon.

Massage senkt im Normalfall bei jedem die Herzfrequenz und den Blutdruck und vermindert die Stresshormone im Körper. Dies wiederum lässt unser Immunsystem besser arbeiten und hilft uns, bei bester Gesundheit zu bleiben.

All diese positiven Effekte entspringen einfach der sorgsamen Berührung durch einen anderen Menschen. Massage ist etwas, das jeder selbst tun kann – und dieses Buch zeigt Ihnen wie. Sie werden lernen, Ihre Berührungen variabel einzusetzen: von einem sanften, entspannenden Streichen, das Anspannungen löst, bis hin zu einer festeren Massage, die die Blutzirkulation und das Lymphsystem (Entgiftung) anregt und somit den Abtransport von Schadstoffen, die sich im Gewebe ablagern und Schmerz verursachen können, fördert. Wenn Sie jemanden massieren, sollten Sie sich bewusst sein, dass Sie diesem Menschen eine einfache und dennoch wirkungsvolle Behandlung geben. Sobald Sie geübter sind, werden Sie den zusätzlichen Nutzen erkennen – auch Sie können sich dabei entspannen, nicht nur Ihr Partner –, als hätten Sie selbst eine Massage erhalten und nicht nur gegeben.

Die Geschichte der Massage

Massage zählt zu den ältesten Formen medizinischer Behandlung und wurde schon in prähistorischer Zeit zu Heilzwecken eingesetzt. Sie beruht auf dem menschlichen Instinkt, schmerzende Stellen zu reiben. Über die Jahrhunderte entwickelten weltweit verschiedene Kulturen ihre Massagestile.

Der früheste Hinweis auf Massage findet sich im chinesischen Buch der Medizin des Gelben Kaisers (um 2700 v. Chr.), das viele Massagetechniken beschreibt. Auch auf 1800 v. Chr. zurückgehende indische Schriften des Ayurveda sowie medizinische Schriften aus Ägypten, Persien und Japan um 500 v. Chr. beschreiben Massage und ihre positive Auswirkungen.

Aus dem antiken Griechenland zeugt Homers Epos der *Odyssee* (um 700 v. Chr.) von matten Helden, die mit Massagen versorgt und erfrischt wurden. Tatsächlich galt die Massage als Hauptmethode zur Schmerzlinderung. So schrieb Hippokrates (um 460–377 v. Chr.), alle Ärzte sollten »Kenntnisse ... im Reiben« zur Schmerzlinderung und Entspannung besitzen.

Im römischen Reich etwa wurde Julius Caesar (um 100–44 v. Chr.) täglich gegen Nervenschmerzen massiert. Der bekannte griechische Arzt Galen (um 129–200 v. Chr.) setzte Massage bei Gladiatoren sowohl zur Kampfvorbereitung als auch zur Versorgung der Verletzungen ein.

Nach dem Untergang des Römischen Reiches im 5. Jahrhundert wurde das Wissen des klassischen Altertums von der arabischen Welt übernommen und weiterentwickelt. Der Philosoph und Arzt

Avicenna (980–1037) beschrieb die Wirksamkeit von Massage »gegen die Kraftlosigkeit der Muskeln, die nicht durch Training vertrieben werden könne« – also eine frühe Sportmassage.

Klassisches medizinisches Wissen kam in der Renaissance über die arabische Welt wieder nach Europa. Die Massage wurde zuerst in Schweden von Pehr Henrik Ling (1776–1839) als System kodifiziert, der damit die Basis für die heutigen europäischen Massagestile geschaffen hat. Ende der 1880er erfreute sich die Massage in Europa und Nordamerika zunehmender Beliebtheit. Sogar Königin Viktoria wurde gegen Rheumaschmerzen massiert, was der schwedischen Heilmassage Prestige verlieh.

Die erste offizielle Organisation von Heilmasseusen in England, »The Society of Trained Masseuses«, wurde 1894 von eine Gruppe von Krankenschwestern gegründet. Diese wurde 1943 zur »Chartered Society of Physiotherapy« und 1966 staatlich anerkannt. Doch weitere Fortschritte in der medizinischen Technologie und Pharmazie drängten die Massage in der Körperarbeit der Physiotherapeuten in den Hintergrund.

In den letzten Jahren ist Massage ins allgemeine öffentliche Bewusstsein gerückt. Ihre Rolle ist in der Stressbewältigung unumstritten, und sie erobert auch wieder ihren Stellenwert in vielen medizinischen Bereichen. Moderne Massage ist von vielen unterschiedlichen Traditionen inspiriert, die jedoch grundlegende Merkmale teilen, und wurde mittlerweile als erwiesenermaßen sichere und wirkungsvolle Behandlungsmethode anerkannt.

Gründe, nicht zu massieren

Regelmäßiges Massieren fördert die Gesundheit und das Wohlbefinden der empfangenden Person. Bei gewissen Beschwerden sollte eine Person jedoch nicht oder nur mit dem Einverständnis ihres Arztes massiert werden. Wenn Sie jemanden zum ersten Mal massieren, überprüfen Sie folgende Liste möglicher Kontraindikationen – diese sollen sowohl Sie als auch den potenziell Empfangenden schützen. Trifft eine davon auf Ihren Massagepartner zu, dann massieren Sie diesen nicht, bevor er den Rat seines Arztes eingeholt hat.

- Bakterielle oder virale Infektion
  Massieren Sie niemanden, der unter einer Infektion leidet, da dies sein Immunsystem zusätzlich belasten würde. Außerdem könnten Sie den infizierten Bereich negativ beeinflussen und sich selbst anstecken.
- Herz-Kreislauf-Beschwerden
  Massage wirkt direkt auf den Kreislauf; bei Problemen wie hohem Blutdruck, Angina, Phlebitis, Thrombosen oder Herzerkrankungen ist ärztlicher Rat notwendig.
- Fieber
  Wenn jemand Fieber hat, will er wahrscheinlich gar nicht massiert werden. Außerdem würden Sie sein angegriffenes Immunsystem noch mehr belasten.
- Schwangerschaft
  Eine sanfte Massage während der Schwangerschaft ist wundervoll, die werdende Mutter sollte jedoch vor jeglicher Behandlung ihre Hebamme

konsultieren. In den ersten drei Monaten sollte der Bauch gar nicht und der untere Rücken nur sehr sanft massiert werden (siehe S. 90–91).

- Ernsthafte Rückenbeschwerden

Sie könnten Gefahr laufen, die Beschwerden zu verschlimmern, statt diese zu lindern.

- Hautkrankheiten

Bei sehr ansteckenden Hautkrankheiten wie Impetigo vermeiden Sie Massage generell. Falls jemand eine regionale Pilzinfektion wie Ringelflechte oder Fußpilz oder eine virale Infektion wie Warzen oder Herpes (Fieberblasen) hat, lassen Sie den betroffenen Bereich aus. Sie können sonst überall massieren, aber achten Sie nach der Massage besonders auf Hygiene – geben Sie das Handtuch in die Kochwäsche und waschen Sie Ihre Hände sorgfältig. Falls der Empfangende frisches Narbengewebe hat, lassen Sie den Bereich aus. Falls es passend erscheint und Ihr Partner dem zustimmt, können Sie kurze Zeit Ihre Hand auflegen (siehe S. 54–55).

- Krampfadern

Streichen Sie nur hauchzart über den befallenen Bereich oder lassen Sie ihn, falls die Venen entzündet sind, komplett aus.

Massage kann für Menschen, die unter chronischen Krankheiten, Krebs, Epilepsie, HIV/AIDS oder psychischen Erkrankungen leiden, eine große Unterstützung und Hilfe darstellen. In diesem Fall ist jedoch eine Absprache mit dem behandelnden Arzt essenziell.

Den Körper verstehen

Sie können eine bessere Massage geben, wenn Sie ein wenig über den Körper wissen. Der menschliche Körper ist ein kleines Wunderwerk: Er ist extrem komplex und umfasst einige voneinander abhängige Systeme, wie das Muskel-Skelett-, Herz-Kreislauf- und Nervensystem.

Die Wissenschaft lässt uns die Verbindung zwischen den verschiedenen Körpersystemen und dem Geist immer mehr erkennen und erklärt, wie die Gehirnaktivität unsere Physiologie direkt beeinflusst. Ein klares Beispiel dafür ist die Stressreaktion des Körpers (»Flucht-oder-Angriff-Reaktion«), bei der das Gehirn einen Stressfaktor oder eine Bedrohung registriert und im Körper einen chemischen Wasserfall auslöst, der die Muskeln auf Flucht oder Kampf vorbereitet. Körperlich manifestiert sich dies durch eine Steigerung der Herzfrequenz und des Blutdrucks, eine höhere Glukoseausschüttung der Leber in den Blutkreislauf und die Verlangsamung des Verdauungsprozesses. In der Hektik des modernen Alltags – Arbeitsstress, Sorge um einen geliebten Menschen, Staus – kann es mehrmals pro Tag zu dieser Reaktion kommen. Mit der Zeit schwächt dies das Immunsystem und macht uns für Beschwerden wie Erschöpfung, Verdauungsprobleme und Kreislaufkrankheiten empfänglich.

Massage kann die aufgewühlte Physiologie wieder in einen ruhigen, entspannten Zustand versetzen, indem die physischen Empfindungen während des Massierens von der Haut über das Rückenmark zum Zentralnervensystem geleitet werden. Wird das Streichen über die Haut lokal als angenehm empfunden, so leiten die Hautrezeptoren diese Botschaft an das Zentralnervensystem weiter, das, im Gegenzug, die Entspannung der Muskeln im massierten Bereich anregt. Hält diese Empfindung längere Zeit an, dann wird eine generelle Botschaft der Entspannung durch den Körper gesandt.

MIT DEN MUSKELN ARBEITEN

Es gibt drei Muskeltypen im Körper: die glatte Muskulatur, die Skelett- und die Herzmuskulatur. Wir arbeiten beim Massieren nur an den Skelettmuskeln. Jeder Muskel besteht aus einem Bündel zusammenziehbarer Fasern. Diese werden von einer Bindegewebshülle (Faszie) umgeben, die am Ende des Muskels in einer Sehne ausläuft, die den

Die Skelettmuskeln des menschlichen Körpers

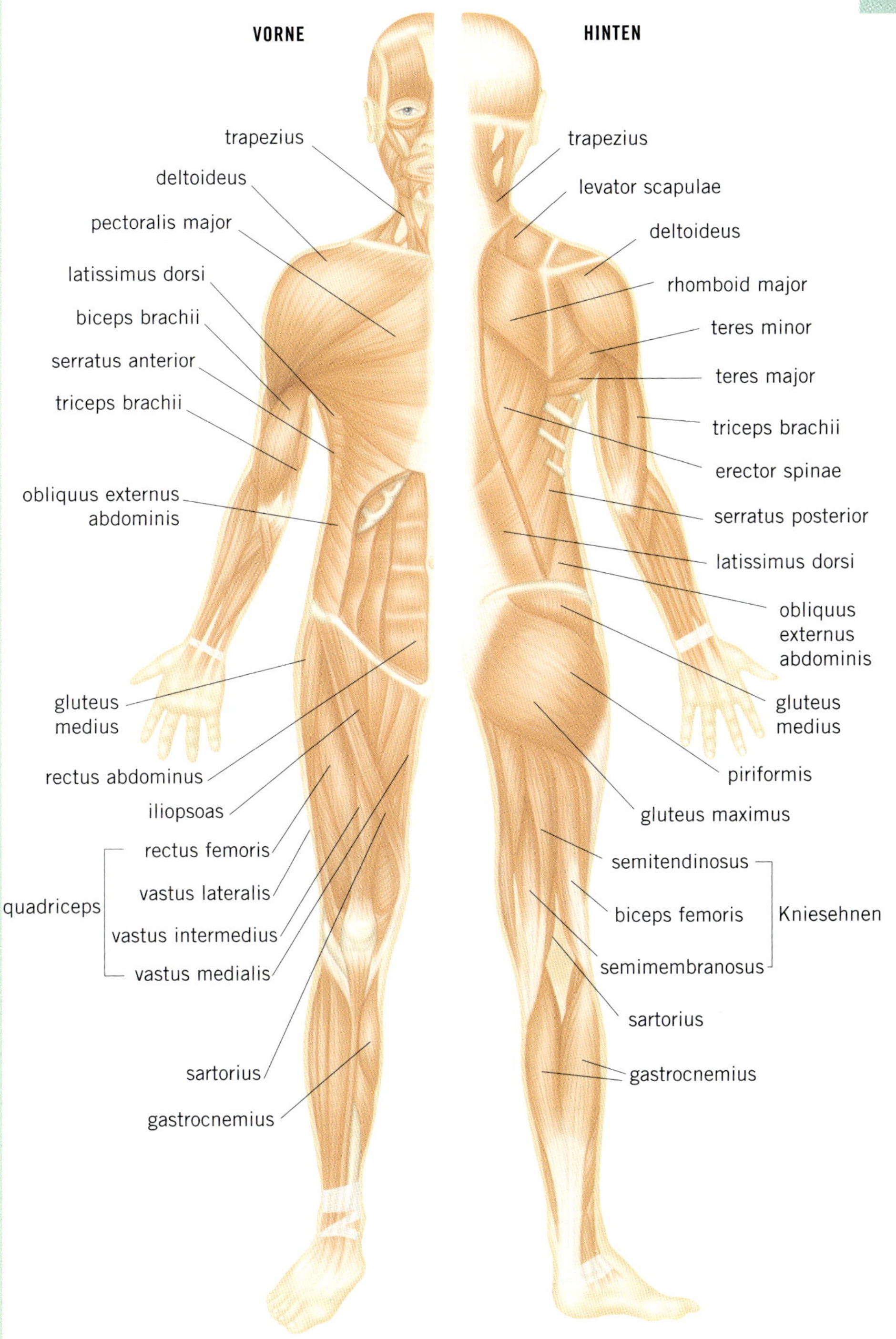

Muskel mit den Knochen verbindet. Durch die Kontraktion bewegen die Muskeln unsere Knochen und verleihen uns so die Kraft, uns zu bewegen. Obwohl unsere Skelettmuskeln unter willentlicher Kontrolle stehen, spannen wir diese oft an, ohne es zu bemerken, was zu gewohnheitsmäßigen Verspannungen in unserem Körper führt.

Muskeln brauchen Kraftstoff (Glukose) und Sauerstoff, um arbeiten zu können, und produzieren metabolische Schlackenstoffe – Wasser, Kohlendioxid und Milchsäure. Milchsäure kann sich etwa nach intensivem Training im Muskel anstauen und die Nervenenden reizen, sodass sich die Muskeln verhärten und schmerzen. Eine feste Massage regt die Blutzirkulation und den Lymphfluss wieder an, welche dazu beitragen, die Schlacken aus den Muskeln auszuschwemmen. Außerdem wirkt festes Massieren in Richtung der Muskelfasern (siehe Abbildung S. 19) auf die Streckrezeptoren der Muskeln, die eine Reflexschleife hervorrufen, die wiederum eine Entspannungsbotschaft aussendet.

MIT DEM BLUT- UND LYMPHFLUSS ARBEITEN

Das Blut zirkuliert durch das Herz-Kreislauf-System im Körper. Das Herz fungiert als Pumpe und schickt das Blut durch robuste Muskelkanäle, die Arterien, um das Gewebe mit Sauerstoff zu versorgen. Das verbrauchte, sauerstoffarme Blut kehrt durch die Venen wieder zum Herzen zurück, und der ganze Prozess beginnt aufs Neue. Das Blut fließt mit geringerem Druck durch die Venen als durch die Arterien. Die Venen besitzen sogar kleine »Einbahn«-Ventile, die so genannten Venenklappen, die das Blut in den Venen nicht zurückfließen lassen. Um beim Massieren die Blutzirkulation anzuregen, streichen Sie immer stärker zum Herzen hin und um einiges leichter in die entgegengesetzte Richtung, das heißt vom Herzen weg.

Das Lymphsystem ist ein weiteres Kreislaufsystem, das die wässrige, hellgelbe Lymphe durch den Körper transportiert. Die Lymphe reinigt die Zellen und übernimmt den Abtransport der Abfallstoffe. Überall im Körper verlaufen Lymphkanäle mit Lymphknoten, die Filterfunktion besitzen und sich primär vorne am Hals, in den Armhöhlen und in der Leistengegend befinden. Wenn Sie in Herzrichtung massieren, hilft das der Lymphe, sich zum nächsten Lymphknoten zu bewegen.

MIT DEM BAUCH ARBEITEN

Der Bauch besitzt keine knöcherne Schutzhülle und beherbergt den Dünn- und Dickdarm und bei Frauen auch die Fortpflanzungsorgane. Der Dünndarm ist ein 6–7 m langer, gewundener Verdauungstrakt, in dem die Nahrungsbestandteile aus dem Essen absorbiert werden. Er befindet sich in der Bauchmitte. Der breitere Dickdarm ist etwa 1 m lang und enthält die Fäkalien. Seine drei Hauptteile – aufsteigender, querverlaufender und absteigender Grimmdarm – führen links am Bauch nach oben, quer über die Mitte und dann rechts davon wieder nach unten. Daher ist es sehr wichtig, den Dickdarm nur im Uhrzeigersinn zu massieren, damit Sie mit dem natürlichen Verdauungsfluss und nicht dagegen arbeiten.

Praktische Vorbereitung

Eigenorganisation und eine sorgsame praktische Vorbereitung sind einfache, aber wesentliche Mittel, um eine gute Massage zu geben. Stellen Sie sich vor, massiert zu werden, während ständig das Telefon des Masseurs klingelt, ihm mittendrin das Öl ausgeht oder Ihnen kalt wird und er keine Decke parat hat oder einfach jemand unvermutet hereinspaziert – ich glaube, Sie wissen, was ich meine! Gute Vorbereitung erlaubt Ihnen, sich während der Behandlung zu entspannen, was sich auf die Qualität Ihrer Berührung auswirkt.

Als Erstes sollten Sie sich einen persönlichen Ort schaffen, an dem Sie massieren können. Wählen Sie einen ruhigen, relativ leeren Raum, der möglichst vom Rest des Hauses abgeschottet ist. Wenn Sie keinen Massagetisch haben, brauchen Sie eine feste, gepolstere Fläche, wo sich Ihr Partner hinlegen kann. Ein Bett ist dafür nicht geeignet, da es zu weich und für eine angenehme Haltung des Masseurs meist zu niedrig ist. Entweder verwenden Sie einen stabilen, etwa hüfthohen Tisch, den Sie mit einem Federbett oder Decken polstern, oder Sie arbeiten am Boden – ein Futon oder ein gefaltetes Federbett, auf das ein großes, weiches Handtuch oder Laken gelegt wird, bildet eine angenehme Auflagefläche. Was auch immer Sie wählen, achten Sie darauf, sich mühelos um den ganzen Massagebereich bewegen zu können und genug Platz für Ihre Arme und Beine zu haben. Zusätzlich brauchen Sie einen Stuhl für die Kleider Ihres Partners.

Sobald Sie Ihren Massagebereich geschaffen haben, legen Sie sich selbst darauf, um festzustellen, ob er bequem ist. Beachten Sie auch, was im Blickfeld liegt: Falls Sie am Boden massieren, trägt es wenig zur Entspannung bei, wenn Ihr Partner auf Staubansammlungen schauen muss!

Zweitens sollten Sie an die Atmosphäre des Raums denken, in dem Sie massieren wollen. Auf der körperlichen Ebene muss er warm und frei von Zug sein: Viele kühlen beim Massieren aus und frieren dann. Ein ruhiger Heizstrahler mit Thermostat kann eine große Hilfe sein, um die richtige Raumtemperatur zu halten. Denken Sie auch an Musik und Beleuchtung. Arbeiten Sie bei gedämpftem Licht und achten Sie darauf, dass es Ihren Massagepartner im Liegen nicht blendet. Falls Sie (und Ihr Partner) Musikbegleitung schätzen, stellen Sie vorher eine angenehme Lautstärke ein und überprüfen Sie, dass alle Telefone stumm geschaltet sind. Plötzlicher Lärm stellt für eine tief entspannte Person einen ziemlichen Schock dar.

Drittens sollten Sie alles bereit halten, was Sie zum Arbeiten brauchen. Das wären einmal zwei weiche Handtücher, um Ihren Partner zuzudecken, und eine leichte Decke, wenn ihm kalt wird. Einige Kissen sind ebenso nützlich – diese können den Komfort Ihres Partners erheblich steigern. Außerdem brauchen Sie ein Gefäß mit Massageöl (siehe S. 28–29). Stellen Sie es in eine Schale, damit es beim Umkippen »sicher« fällt, und die Schale auf eine stabile, erreichbare Fläche. Halten Sie auch eine Flasche des Trägeröls bereit, falls Sie Nachschub brauchen. Denken Sie an Taschentücher, um

Ihre Hände ab- oder verschüttetes Öl aufwischen zu können. Sie brauchen eine leise, gut lesbare Uhr, da man beim Massieren leicht die Zeit vergisst. Schenken Sie sich selbst ein Glas Wasser ein, falls Sie beim Massieren Durst bekommen (und bieten Sie Ihrem Partner danach ein Glas Wasser an).

Bevor Sie jemanden das erste Mal massieren, gehen Sie mit ihm die Liste der Kontraindikationen (S. 16–17) durch. Es zahlt sich aus, Ihre eigene Liste zu erstellen, die Sie kopieren oder öfter ausdrucken können, um für jede Person, die Sie massieren, Notizen anzulegen. Falls Sie jemanden regelmäßig behandeln, notieren Sie nach dem ersten Mal, wie die Massage verlaufen ist und welche Öle Sie verwendet haben. Verwahren und behandeln Sie diese Information verlässlich und vertraulich. Falls andere Mitbewohner während der Massage unvermutet in das Zimmer kommen könnten, hängen Sie eine Notiz an die Türe, dass Sie massieren und wann Sie voraussichtlich damit fertig sein werden.

Zuletzt achten Sie noch darauf, dass Sie kurze Nägel haben und lockere Kleidung tragen. Es ist essenziell, dass Sie sich gut bewegen können und Ihnen nicht zu heiß wird. Trainingshosen und ein kurzärmeliges oder ärmelloses T-Shirt sind ideal.

PRAKTISCHE CHECKLISTE:

Am Tag davor:

- Überprüfen Sie, ob Ihre Massagehandtücher sauber und trocken sind.

- Prüfen Sie, ob Sie genug Trägeröl und ätherische Massageöle haben.
- Stellen Sie sicher, dass Ihre Massagekleidung sauber ist.
- Informieren Sie Ihre Mitbewohner, dass Sie eine Massage planen und wann Sie diese vorhaben.

Eine Stunde davor:

- Legen Sie zwei Handtücher, eine leichte Decke und zwei Kissen im Massagebereich bereit.
- Achten Sie darauf, dass der Raum für eine unbekleidete Person warm genug ist.
- Bereiten Sie die Öle einschließlich Ihres Ölgefäßes in einer Schale vor.
- Legen Sie die Liste der Kontraindikationen und einen Stift bereit.
- Sie sollten eine Uhr im Blickfeld haben.
- Stellen Sie die Lautstärke der Musik ein.
- Bereiten Sie die passende Beleuchtung vor.
- Stellen Sie Wasser und zwei Gläser bereit.
- Falls nötig, hängen Sie einen Zettel an die Türe, damit andere nicht unvermutet eintreten.
- Sperren Sie Haustiere in einen anderen Teil des Hauses/der Wohnung.
- Essen und trinken Sie etwas.
- Ziehen Sie Ihre Massagekleidung an.

Fünf Minuten davor:

- Schalten Sie die Telefone stumm (Festnetz und Handy).
- Schalten Sie den Anrufbeantworter ein.
- Gehen Sie auf die Toilette!

Umgang mit Handtüchern

Sie brauchen für die Vorbereitung einer Massage ein großes weiches Laken oder Handtuch, auf das sich Ihr Partner legen kann, und zwei Handtücher, die Sie über ihn breiten können. Keine Sorge, der Umgang mit den Handtüchern ist denkbar einfach.

Sie benötigen die Handtücher, um Ihren Partner warm zu halten und seine Intimsphäre zu schützen. Legen Sie ein Handtuch über seinen Körper und eines über seine Hüften und Beine. Sie können diese für sich auch »Körper-Handtuch« und »Bein-Handtuch« nennen.

Die goldene Regel ist: Machen Sie nur den Teil des Körpers frei, den Sie massieren wollen. Wenn Sie mit einem Bereich fertig sind, decken Sie die-

1

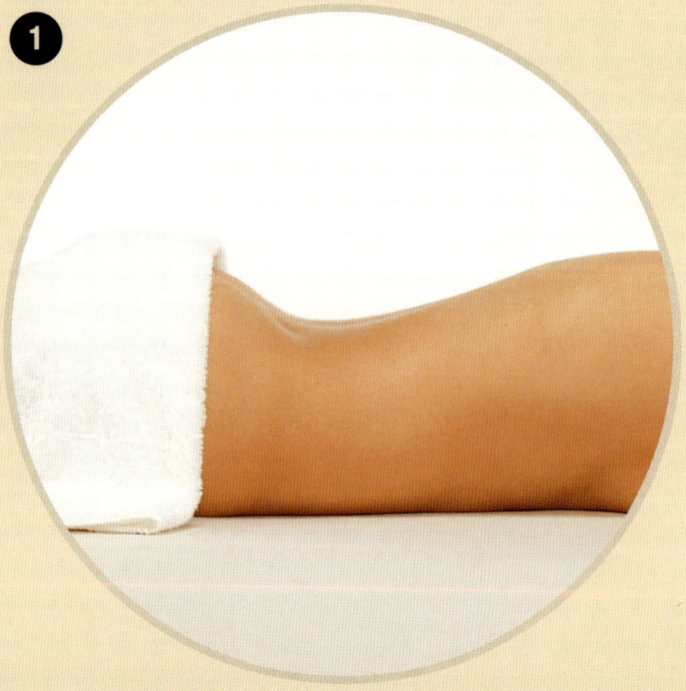

2

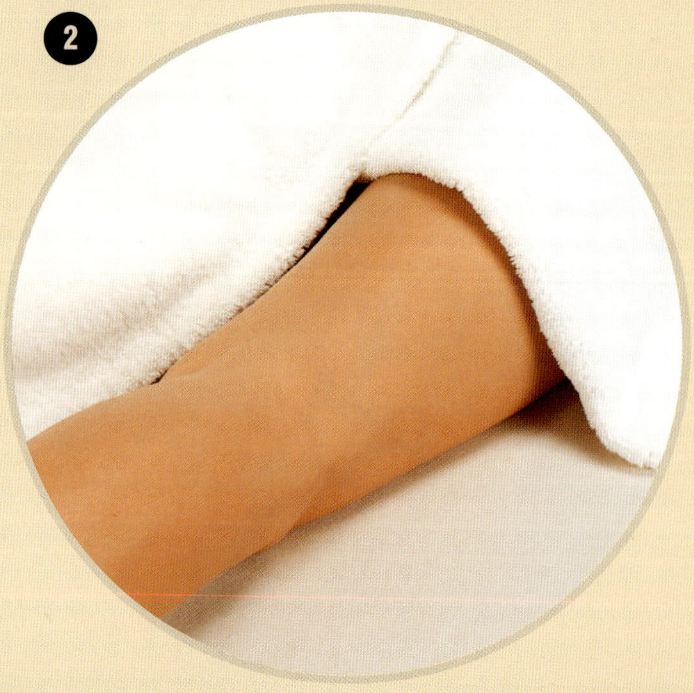

sen zu, bevor Sie den nächsten enthüllen. Wenn Sie den Rücken massieren, entfernen Sie entweder das Körper-Handtuch komplett wie in ① oder legen es über das Bein-Handtuch. Um die Beine zu massieren, falten Sie das Bein-Handtuch so, dass ein Bein freiliegt; siehe ②. Das gleiche gilt für die Arme. Falls sich Ihr Partner umdrehen soll, legen Sie das Bein-Handtuch weg und halten das Körper-Handtuch zwischen sich und Ihrem Partner wie in ③ hoch, um so seine Intimsphäre zu bewahren. Für die Bauchmassage müssen Sie kein Handtuch weglegen, sondern nur das Bein-Handtuch bis zum Schambein und das Körper-Handtuch zum Brustbein wie in Bild ④ falten.

3

4

Massageöle

Es gibt ein breites Spektrum an Pflanzenölen, die für die Massage geeignet sind. Wir streichen den Körper mit Öl ein, damit unsere Hände gleiten, streichen oder kneten können, ohne unangenehm an der Haut zu ziehen. Die Wahl der jeweiligen Öle verleiht Ihrer Massage jedoch zusätzlich einen bestimmten therapeutischen Wert.

In der Massage werden zwei Kategorien von Ölen verwendet: Trägeröle (oder Basisöle) und ätherische Öle. Sie unterscheiden sich in einigen Punkten. Erstens in ihrer Herstellung: Trägeröle werden aus Pflanzenmaterial, oft aus Samen oder Nüssen, extrahiert. Die besten Öle für die Massage sind kaltgepresste Öle – dies bedeutet, dass diese bei kühlen Temperaturen erzeugt werden, sodass die ursprünglichen therapeutischen Wirkstoffe nicht verändert oder zerstört werden. Verwenden Sie keine kommerziell hergestellten Kochöle zum Massieren – diese wurden Hitze und chemischer Behandlung ausgesetzt und besitzen keinen therapeutischen Wert.

Ein ätherisches Öl ist die destillierte Essenz einer aromatischen Pflanze. So sind beispielsweise Blüten und Blätter von Lavendel mit winzigen Beutelchen aromatischen Öls überzogen – daher können Sie mit den Fingern über Blätter und Blüten reiben und deren Duft riechen. Viele ätherische Öle werden durch Wasserdampf-Destillation gewonnen, wodurch die aromatischen Bestandteile freigesetzt und konzentriert werden. Man benötigt sehr große Mengen von Pflanzenmaterial, um eine kleine Menge reinen ätherischen Öls zu gewinnen. Kaufen Sie

Ihre ätherischen Öle stets im Fachhandel, um bestmögliche Qualität zu bekommen.

Ein weiterer wesentlicher Unterschied zwischen Trägeröl und ätherischem Öl liegt in der Molekularstruktur. Trägeröle sind nichtflüchtig, das heißt, sie verdunsten nicht, während ätherische Öle sehr flüchtig sind – falls Sie diese nicht gut verschließen, verdunsten sie äußerst schnell.

Was den tatsächlichen Gebrauch betrifft, so können Sie Trägeröle direkt auf die Haut auftragen, während Sie ätherische Öle immer mit einem Trägeröl verdünnen müssen. Folglich bilden die Trägeröle die Basis für alle Massagemischungen. Sie können auch alleine angewandt werden und sind nährend und feuchtigkeitsspendend für die Haut. Es ist allerdings mittlerweile sehr verbreitet, Trägeröle mit ätherischen Ölen zu kombinieren, da diese aromatischen Essenzen die Massage um ein breites Spektrum an therapeutischen Wirkstoffen bereichern. Da deren Moleküle kleiner sind als die der Trägeröle, werden sie durch die Haut in den Körper absorbiert, wo diese Stoffe sanft auf das System einwirken. Es ist jedoch immens wichtig, die Verdünnungsanweisungen genau zu beachten – Sie dürfen nur eine geringe Anzahl von Tropfen ätherischen Öls in eine viel größere Trägerölmenge geben (siehe S. 128–129).

Sie können allerdings auch fertige Massageöle, die schon ätherische Öle enthalten, erwerben oder Ihre eigenen therapeutischen Mischungen herstellen. Für mehr Information können Sie dazu in Kapitel 6, »Einfache Massageöle«, nachlesen.

Massage geben

Sobald Sie den Raum und sich selbst vorbereitet und überprüft haben, dass es keine Kontraindiktionen gibt, können Sie mit der Massage beginnen. Davor besprechen Sie mit Ihrem Massagepartner, welche Körperteile massiert werden sollen – etwa eine Rücken- oder eine Ganzkörpermassage – und wie lange dies etwa dauern wird. Gehen Sie davon aus, dass Sie während der Massage nicht sprechen werden, außer um nachzufragen, ob etwas für den Partner angenehm ist.

Falls Sie bei der ersten Massage eines Freundes oder Verwandten dessen Verlegenheit beim Entkleiden spüren, bleiben Sie sachlich. Ihr Massagepartner wird Ihrem Wink folgen. Sagen Sie ihm, dass Sie sich die Hände waschen gehen, während er sich auszieht, und erklären Sie ihm, wohin er seine Kleider legen soll. Falls ihm Massage neu ist, erklären Sie ihm, dass er sich ganz entkleiden oder die Unterhose anbehalten kann und dass sein Körper, abgesehen von dem Bereich, der gerade massiert wird, mit Handtüchern zugedeckt ist. Zeigen Sie ihm, wo und wie er sich hinlegen soll (Bauch oder Rücken), und geben Sie ihm ein Handtuch zum Zudecken. Gehen Sie zum Händewaschen hinaus und klopfen Sie vor dem Eintreten an.

Ihr Partner soll es wirklich bequem haben. Liegt er am Bauch, legen Sie seine Knöchel und Füße auf ein Kissen (probieren Sie es selbst aus). Liegt er am Rücken, legen Sie zur Entspannung seines unteren Rückens ein Kissen unter die Knie.

Am Anfang legen Sie die Hände locker auf das Handtuch über Ihrem Partner und sammeln sich.

Dabei atmen Sie tief und entspannen Ihren Körper. Lassen Sie sich Zeit und unterschätzen Sie den Einfluss auf die Massage nicht. Das Gefühl Ihrer entspannten Hände und Ihre Konzentration auf sein Wohl helfen Ihrem Partner, sich selbst darauf einzustimmen, Spannungen loszulassen.

Jetzt konzentrieren Sie sich mit vollem Selbstbewusstsein und entspannter Atmung auf Ihren Partner. Sobald Sie bereit sind, decken Sie den Bereich ab, den Sie massieren wollen. Ölen Sie Ihre Hände ein, stellen Sie das Ölgefäß wieder an seinen Platz und fangen Sie an. Fragen Sie von Zeit zu Zeit leise nach, ob es Ihr Partner warm genug und bequem hat und ob der Druck Ihrer Hände angenehm ist. Achten Sie während des Massierens auf Ihren eigenen Körper und Ihre Atmung und darauf, dass Ihr Körper entspannt und flexibel bleibt (siehe S. 34–35). Arbeiten Sie in ruhigem Tempo: Wenn Sie die Massage an einem Ort abgeschlossen haben, decken Sie diesen fürsorglich zu, bevor Sie den nächsten freimachen. Außderdem halten Sie Ihren Partner mit einer leichten Decke warm.

Nach der Massage decken Sie ihn mit Handtüchern und der Decke zu. Bevor Sie Ihre Hände wegziehen, »schließen« Sie die Behandlung geistig ab – etwa mit guten Wünschen an den Massierten. Danach schenken Sie ihm ein Glas Wasser ein und sagen ihm, dass er sich mit dem Aufstehen und Ankleiden Zeit lassen kann. Verlassen Sie für kurze Zeit den Raum (um sich die Hände zu waschen oder den Rücken zu strecken), bevor Sie nachsehen, wie es ihm nach der Behandlung geht.

Einfühlen in den Empfangenden

Sollten Sie die Erfahrung gemacht haben, von einem zerstreuten oder desinteressierten Masseur behandelt worden zu sein, dann wissen Sie, dass es die Massage kaum wert war. Stellen Sie sich nun eine Massage vor, bei der Sie mit größter Sorgfalt und mit Respekt behandelt werden, bei der Sie merken, dass man sich Zeit nimmt, und spüren, dass Ihre Masseurin, auch ohne viele Worte, gänzlich präsent und auf Ihr Wohl konzentriert ist.

Beim Massieren geht es nicht nur darum, die richtigen Griffe anzuwenden. Sobald Sie kein Anfänger mehr sind, können Sie beginnen, den zentralen Aspekt einer herrlichen Massage zu entwickeln – Ihr tiefes Bewusstsein um den Empfangenden als einem menschlichen Wesen. Dies beginnt mit dem Verständnis, dass jemand, der sich zum Massieren in Ihre Hände begibt, Ihnen Vertrauen schenkt – und dieses Vertrauen verdient Respekt.

Dieses einfühlsame Bewusstsein für den Empfangenden gilt gleichermaßen, ob Sie nun einen fremden oder geliebten Menschen massieren. Wir nehmen auch jene, die wir gut kennen, von unserer eigenen Perspektive aus wahr, mit all den Meinungen und Urteilen, die damit verbunden sind. Einfühlsames Bewusstsein für den Empfangenden zu entwickeln bedeutet, dass Sie sich für die Zeit der Behandlung innerlich verpflichten, ihn so zu akzeptieren, wie er ist – ohne Urteil –, und ihn als ein anderes menschliches Wesen auf seinem Lebensweg zu sehen, dessen Wohl Ihnen am Herzen liegt.

Natürlich sprechen Sie das nicht laut aus, sondern zeigen es eher durch Ihr Handeln. Bereiten

Sie alles liebevoll und ruhig vor, damit Sie, wenn Ihr Massagepartner kommt, nicht verzweifelt nach sauberen Handtüchern suchen. Sie wollen ihm zeigen, dass Sie den ganzen Prozess unter Kontrolle haben und daher nichts in Eile tun müssen. Wenn Sie zum ersten Mal einen Freund behandeln, ist er wahrscheinlich ein wenig nervös – wenn Sie vorbereitet und ruhig sind, macht dies daher einen großen Unterschied. Beim Durchgehen der Liste der Kontraindikationen stellen Sie klar, dass Sie seine Antworten streng vertraulich behandeln. Konzentrieren Sie sich auf Ihren Freund.

Plaudern Sie während der Massage nicht. Einige wenige Leute reden gerne dabei: In diesem Fall antworten Sie natürlich. Doch die große Mehrheit entspannt sich dabei tiefgehend, und in diesem Fall würde eine Unterhaltung die Entspannung stören. Seien Sie sich beim Massieren immer bewusst, dass Sie ein anderes menschliches Wesen, mit Hoffnungen, Ängsten, Freuden und Sorgen vor sich haben. Es ist Ihre Aufgabe, Ihren Freund zu »schützen«, sodass er sich sicher fühlen kann, sich ungeschützt hinzugeben und sich dadurch bei der Massage wirklich entspannen zu können. Dieser entspannte Zustand erlaubt seinem Körper, Geist oder seiner Seele, die Heilung einzuleiten.

Sprechen Sie nach der Behandlung nie darüber – er könnte darüber reden wollen, es ist jedoch Ihre Aufgabe, die Intimität der Sitzung aufrechtzuerhalten, auch wenn sie vorbei ist. Und denken Sie immer daran, dass es ein Privileg ist, jemandem eine Massage zu geben.

Selbstbewusstsein entwickeln

Ihr Selbstbewusstsein während einer Massage ist absolut wichtig. Es beginnt vor der realen Behandlung mit einer guten Vorbereitung (siehe S. 22–25). Wenn Sie wissen, dass Sie fertig und gut organisiert sind, können Sie sich beim Massieren vollkommen entspannt Ihrem Partner und sich selbst widmen. Schenken Sie während der Behandlung etwa 40 % Ihres Bewusstseins Ihrem eigenen Körper und Atem und etwa 60 % Ihrem Partner. Dieses Verhältnis mag erstaunlich wirken, es ist jedoch sehr effektiv. Ist nämlich Ihre Aufmerksamkeit nur bei Ihrem Partner, so könnte sich, ohne dass Sie es merken, Ihr eigener Körper verspannen und ermüden. Diese Spannung könnte von Ihrem Partner aufgenommen werden und allgemein eine schmälernde Wirkung auf die Massage haben.

Überprüfen Sie beim Massieren öfter, ob Ihr Kiefer locker und Ihre Schultern gesenkt sind und ob es Ihrem Rücken gut geht. Verharren Sie mit dem Körper nie zu lange in einer Position – dies belastet den Rücken und ermüdet Sie. Bleiben Sie in Bewegung und flexibel und blicken Sie immer gerade auf den Bereich, auf dem Sie arbeiten.

Für jeden, der Freunde und Familienangehörige massiert, gilt als Regel Nummer Eins, für sein eigenes Wohlbefinden zu sorgen und zu wissen, wann er »nein« sagen muss. Geben Sie keine Massagen, wenn Sie wissen, dass Ihr Energiehaushalt schwach ist oder Sie gerade erst genesen sind. Teilen Sie sich keine Massagen direkt nach einem Arbeitstag ein, auch wenn dies einem Freund recht wäre. Geben Sie sich Zeit zum Duschen und Essen, um

Energie zu tanken. Sorgen Sie zu allererst für sich selbst, und Ihre Massagen werden ein Genuss sein – für Sie selbst und für die Empfangenden.

WIE SIE IHRE ATMUNG ENTSPANNEN

Während Sie dies lesen, atmen Sie tief aus. Dies bereitet Sie auf ein tiefes Einatmen vor. Nun entspannen Sie den Bauch und ziehen beim Einatmen den Atem direkt hinunter in den Bauch. Sie können sich dabei vorstellen, wie dieser Atem Ihr Inneres mit Licht füllt. Nun lassen Sie den Atem ruhig hinausströmen – stellen Sie sich vor, dass Sie Ihre eigene Spannung oder Angst dabei ausatmen. Dies bildet einen Atemzyklus. Falls möglich atmen Sie länger aus als ein: Zählen Sie zum Beispiel beim Einatmen bis vier und beim Ausatmen bis sechs.

Mit etwas Praxis wird Ihnen diese Atemtechnik dabei helfen, in jeder Situation zentriert und selbstbewusst zu sein und zu agieren.

WIE SIE SICH SELBST ZENTRIEREN

Am Anfang der Massage legen Sie die Hände sanft auf Ihren Partner über das Handtuch und machen einige entspannte Atemzüge. Während Sie langsam und ruhig weiteratmen, tasten Sie geistig Ihren eigenen Körper ab, stellen fest, wo Sie verspannt sind, und versuchen, diese Regionen zu entspannen, etwa indem Sie Ihre Position verändern. Nun durchleuchten Sie als mitfühlender Beobachter Ihre gegenwärtigen Gefühle. Dann lassen Sie diese Gefühle beiseite. Atmen Sie bewusst weiter. Nun sind Sie bereit, sich Ihrem Partner zu widmen.

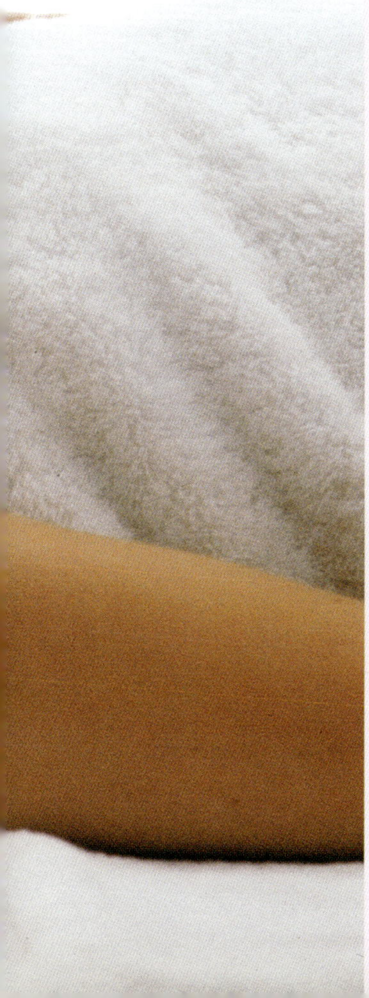

KAPITEL 2: Einfache Techniken

Unsere Hände, die täglich Hunderte verschiedener Bewegungen vollführen, sind ein Wunderwerk der Technik. Sie sind außerdem reichlich mit empfindsamen Sinnesnervenenden durchzogen, die Sie darüber informieren, was Sie berühren. Ihre Hände sind wirklich perfekt zum Massieren geeignet.

Es ist nicht schwer zu lernen, wie wir unsere Hände zum Massieren einsetzen können. Dieses Kapitel zeigt Ihnen einfache Grundtechniken zum Ausprobieren. Ich werde Ihnen erklären, welche Techniken sich am besten an den verschiedenen Körperbereichen einsetzen lassen, wie die diversen Massagegriffe auf den Körper wirken und wann Sie besonders mit der Wahl der Massagegriffe aufpassen sollten. Es zahlt sich aus, alle Griffe an zugänglichen Freunden zu üben und diese um ehrliches Feedback zu bitten. Mit der Zeit werden Ihre Hände lernen, welche Technik Sie – je nachdem, ob Sie eine ältere, jüngere, empfindsame oder robuste Person massieren – anwenden müssen.

Streichen

GUT:
am Anfang jeder Massage und als verbindender Massagegriff zwischen verschiedenen Techniken, die an denselben oder unterschiedlichen Körperregionen angewandt werden

Das Streichen ist die einfachste und grundlegendste Form der Berührung. Es beruhigt auf wundervolle Art, und alle Massagen beginnen damit. Ölen Sie die Hände ein, atmen Sie und lockern Sie Schultern und Kiefer. Legen Sie die Hände mit geschlossenen Fingern entspannt auf Ihren Partner. Lassen Sie nun die Hände geschmeidig über die Körperkonturen Ihres Partners gleiten, als würden Sie ihn sanft formen. Lassen Sie die Hände entspannt und behalten Sie beim Streichen einen langsamen, leichten Atemrhythmus bei. Während Sie weitermachen, strömen Ihre Hände die Botschaft »Ruhe« aus.

ANMERKUNGEN

Das Streichen wird überall am Körper angewandt, auch wenn sich Ihre Hände an die diversen Körperformen anpassen müssen. Die Streichbewegungen sind ruhig und fließend – ideal für Anfang und Ende einer Behandlung. Das Streichen dehnt das Weichgewebe. Daher ist es gut zum Aufwärmen einer Region geeignet, um dann tiefgehender, etwa mit der Daumenfriktion, zu massieren. Wenn Sie Babies, Senioren oder Personen mit sensibler Haut behandeln, kann das Streichen, die einzige Technik sein, die Sie benötigen (siehe S. 94–95 und S. 100–101).

Streichen Sie immer mit etwas Druck aufwärts (zum Herzen) und nur leicht retour. Dies unterstützt den Blut- und Lymphkreislauf. Die Lymphe transportiert Abfallstoffe von den Muskeln zu den Lymphknoten und dann weiter, damit sie aus dem Körper ausgeschieden werden.

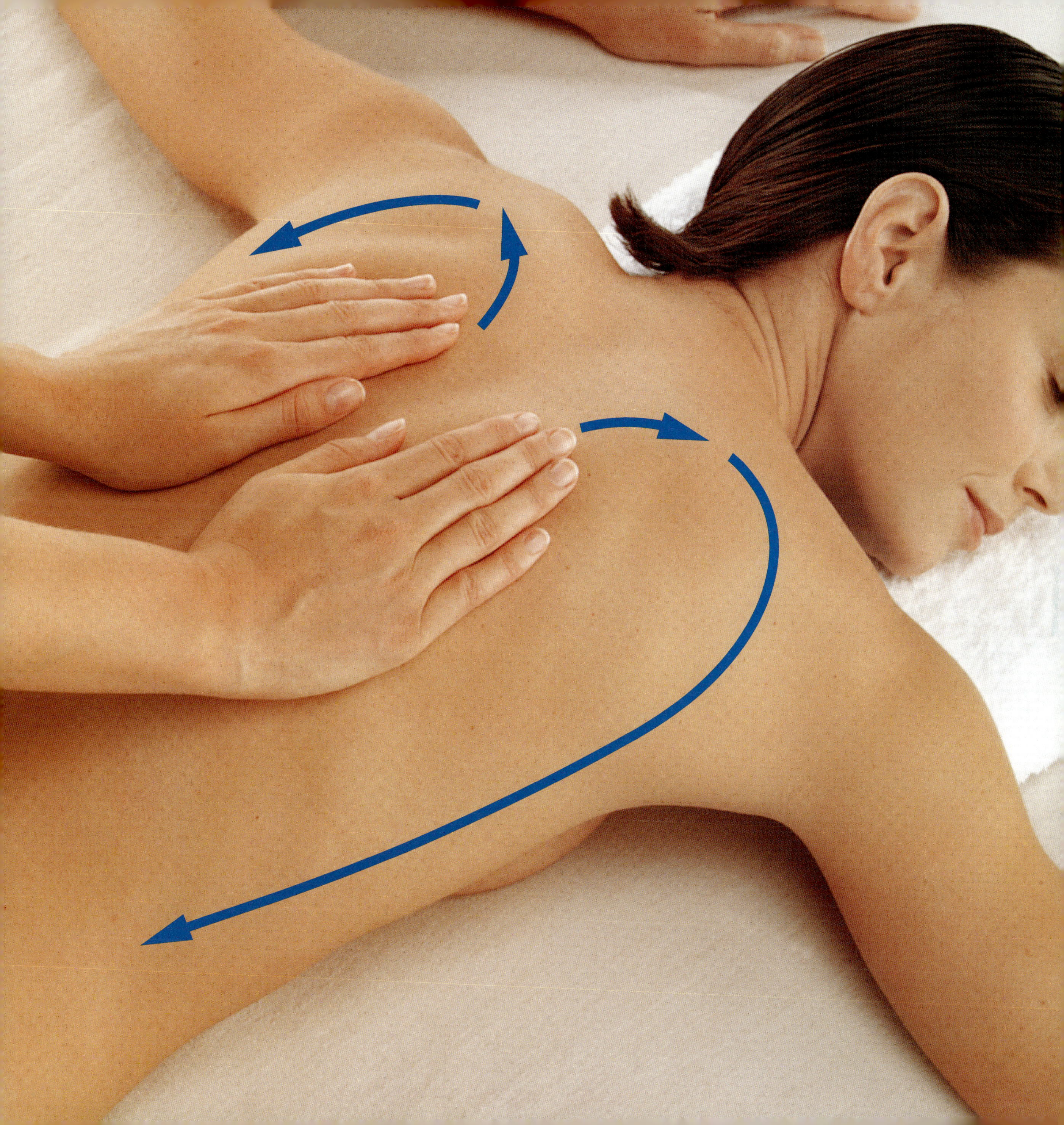

Kneten

GUT:
zum Aufwärmen und Lockern von verhärteten Muskeln

VERMEIDEN:
falls der Bereich, den Sie massieren wollen, Krampfadern aufweist

Kneten ist ein rhythmisches Streichen, das das Weichgewebe aufwärmt und lockert. Es wird auf Rücken und Schulter und fleischigen Regionen, wie Po, Schenkel und Waden, angewandt und erinnert an das Kneten von Teig. Legen Sie die Hände mit gespreizten Ellbogen flach auf den Körper. Sie nehmen dabei mit der rechten Hand etwas Fleisch auf, drücken es sanft zusammen und lassen es in die andere Hand gleiten. Dann drücken Sie mit der linken Hand sanft das Fleisch etwas zusammen und lassen es in die rechte Hand gleiten. Setzen Sie diese rhythmische Bewegung fort und massieren Sie damit die jeweilige Region hinauf und hinunter, bis sie warm und geschmeidig ist.

ANMERKUNGEN

Sie können das Kneten auch zur Beruhigung einsetzen, da es repetitiv und sanft ist. Es wird Ihren Partner entspannen und die Körperregion, die Sie massieren, aufwärmen. Kneten kann jedoch auch kraftvoller angewandt werden. Es wirkt gegen Muskelkater und -erschöpfung nach dem Training. Tiefgehendes Kneten lockert nicht nur das Gewebe, sondern regt auch die Zirkulation in der massierten Region an. Dies wiederum beschleunigt den Abbau der metabolischen Abfallstoffe und hilft so den Muskeln, sich nach dem Training zu regenerieren (siehe S.96–97).

Daumenfriktion

GUT:
um tiefgehende, chronische Muskelverspannung zu lösen

VORSICHT:
falls die Muskeln verspannt oder mürbe sind – fragen Sie immer wieder nach, ob Ihrem Partner der Druck angenehm ist

VERMEIDEN:
falls eine Region Krampfadern aufweist

Bei der Daumenfriktion arbeiten Sie mit den Daumen tief in die Muskeln hinein. Dazu legen Sie die Daumenkuppen auf die Haut, stützen sich darauf und lassen diese nun in kleinen Kreisen in die Muskeln eindringen. Danach gleiten Ihre Daumen zum nächsten Bereich und wiederholen dort das kreisförmige Reiben. Dies hilft gegen gewohnheitsmäßige Muskelverspannung und fördert den Abbau von Giftstoffen, den metabolischen Nebenprodukten des Muskelgebrauchs. Sie können die Daumenfriktion überall dort einsetzen, wo Sie kleine Verspannungsknötchen oder körnige Ablagerungen im Gewebe spüren. Es ist angenehm, sich so die Wirbelsäulenmuskeln hochzuarbeiten.

ANMERKUNGEN

Die Daumenfriktion setzt mehr Druck ein, achten Sie daher darauf, dass die Region, an der Sie arbeiten wollen, gut mit Streichen oder Kneten aufgewärmt wurde. Wenn Sie die Daumenfriktion zu früh oder zu tief anwenden, könnte dies unangenehm sein, was kontraproduktiv ist. Streichen und kneten Sie die Region daher gut durch, bis sie sich warm anfühlt. Bei der Daumenfriktion lassen Sie die Daumen zuerst sanft ins Gewebe sinken und steigern dann schrittweise den Druck – fragen Sie Ihren Partner, ob der erhöhte Druckeinsatz noch angenehm für ihn ist.

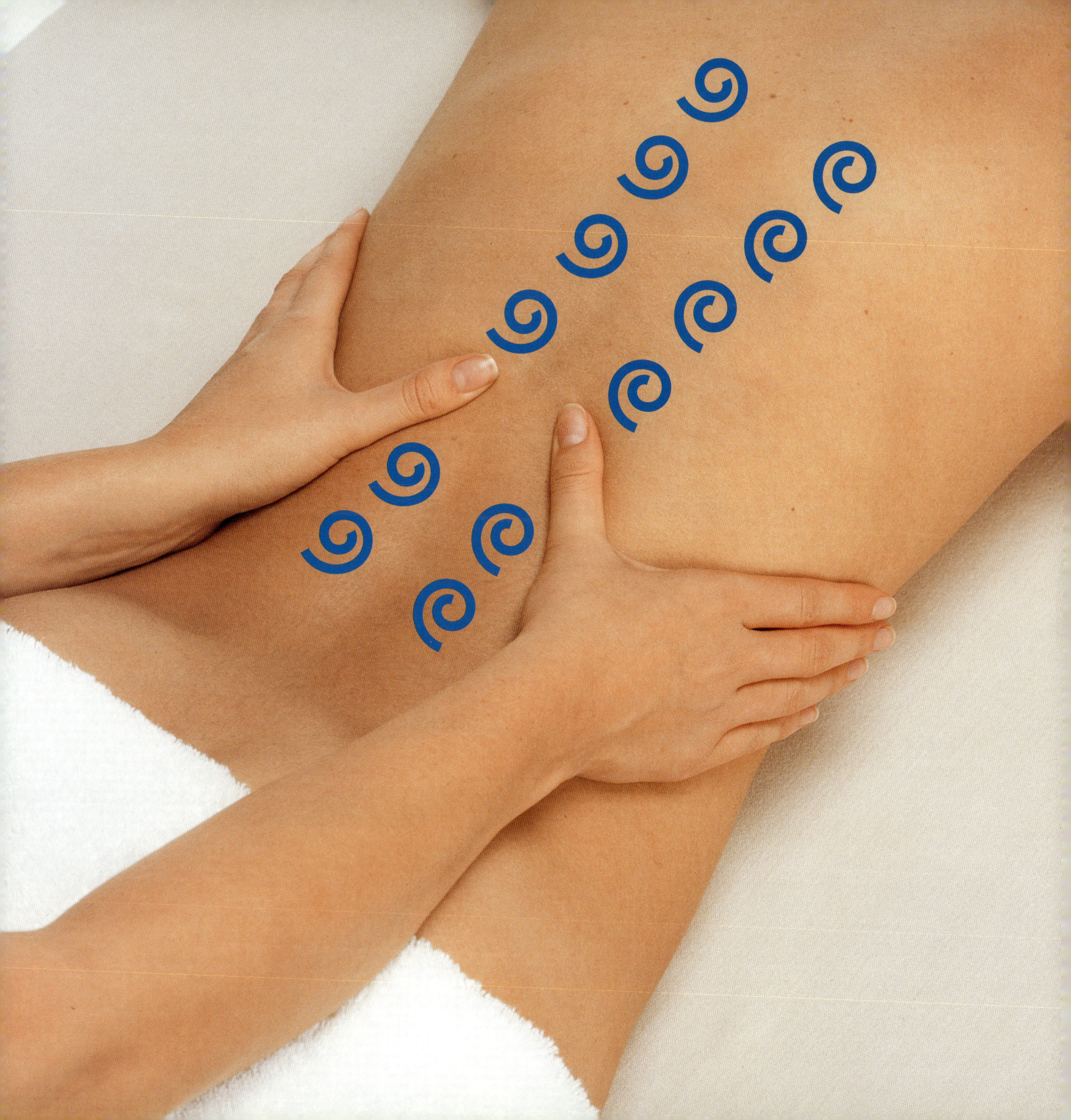

Kammgriff

GUT: um verspannte Muskeln zu lösen und zu entspannen und um den Kreislauf anzuregen

VORSICHT: bei empfindlicher Haut oder wenn Sie eine sehr dünne Person massieren

VERMEIDEN: falls der Bereich Krampfadern aufweist

Der Kammgriff ist eine äußerst angenehme Art der Massage. Schließen Sie dafür die Hände zu lockeren Fäusten und legen Sie den mittleren Teil der Finger auf die Haut. Stützen Sie sich nun etwas auf Ihre Hände und lassen Sie die Knöchel in kleinen, kreisförmigen Bewegungen rotieren. Sie können die Arbeitshand auch mit der anderen Hand unterstützen und den Druck, den Sie mit der Hand ausüben, mittels Ihres Körpergewichts variieren. Dieser Massagegriff ist an Rücken, Gesäß, Handflächen und Fußsohlen sehr angenehm, obwohl Sie damit ziemlich tiefgehend massieren können. Vermeiden Sie jedoch, mit den Knöcheln über Knochen zu rubbeln.

ANMERKUNGEN

Sie können einen »geraden« Knöchelstrich anwenden, bei dem Sie die Knöchel flach auf der Haut lassen und einfach fest entlang der Körperoberfläche drücken, statt diese rotieren zu lassen. Wenn Sie etwa an den Oberschenkeln arbeiten, lassen Sie die Knöchel mit festem Druck aufwärts Richtung Herz (siehe S.20–21) gleiten. Diese Art des Kammgriffs dringt ziemlich tief ins Gewebe ein und fördert daher die Lockerung von chronisch verspannten Körperregionen und von »verklebtem« oder verschlacktem Gewebe.

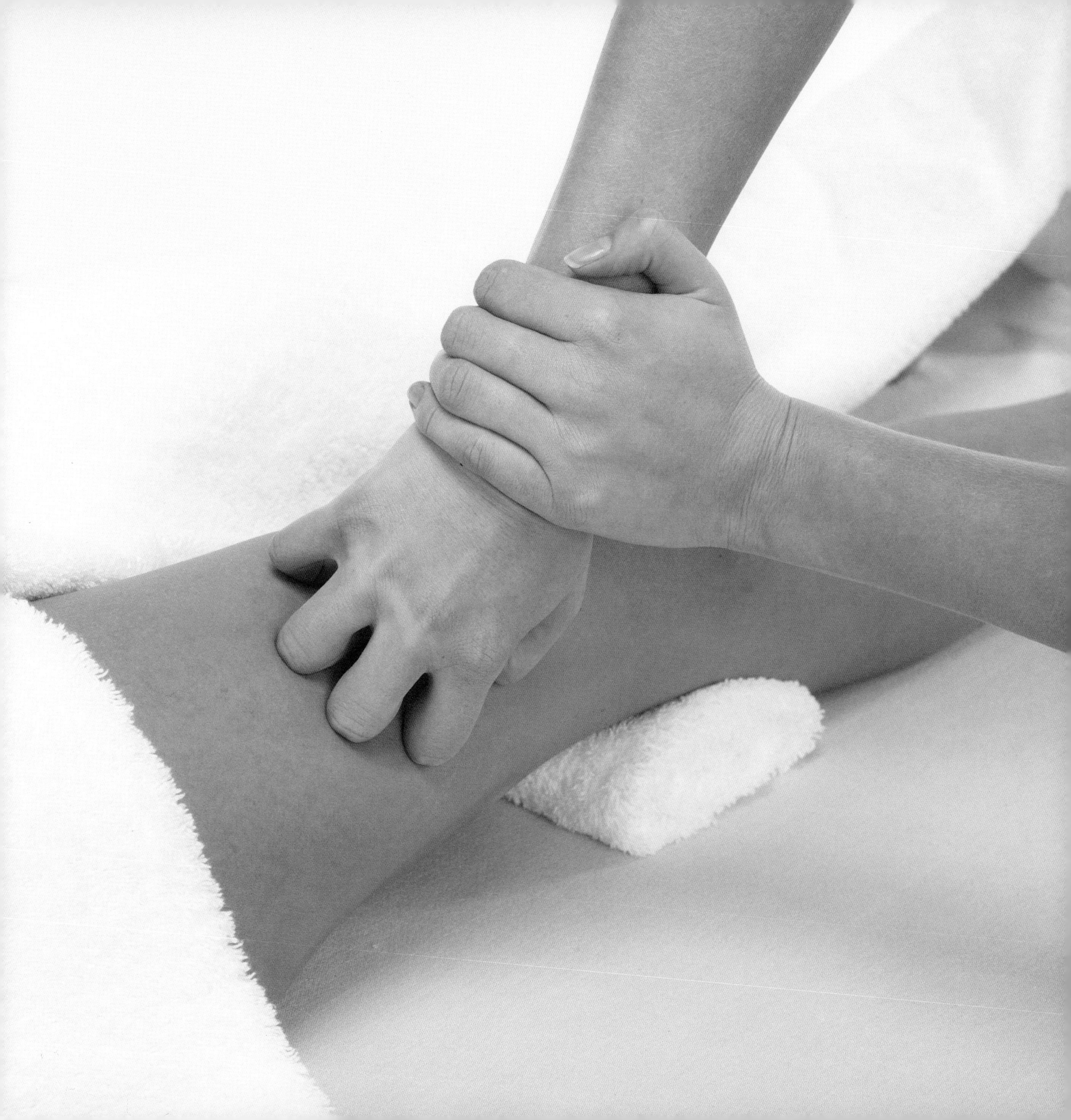

Ziehen

GUT:
um die Seiten des Körpers zu massieren, wo sich andere Techniken nur schwer anwenden lassen

Das Ziehen ist eine Art des Streichens, bei der Sie normalerweise mit der ganzen Hand an den Seiten des Körpers »auf Zug« arbeiten. Statt Ihr Gewicht wie beim Streichen auf die Hände zu drücken, nutzen Sie es, um zu sich zu ziehen. Falls Sie etwa nur von einer Seite aus den Bauch Ihres Partners massieren, lehnen Sie sich nach vorne, wölben Ihre Hand um seine entgegengesetzte Hüfte und lehnen sich dann zurück, um dabei Ihre Hand zu sich zu ziehen, und lassen die andere Hand gleich nachfolgen. Sie können sich so mit abwechselnden Händen die Seite hocharbeiten.

ANMERKUNGEN

Wenn Sie sich »auf Zug« die ganze entgegengesetze Seite Ihres Partners aufwärts gearbeitet haben und Sie an der Ihnen zugewandten Seite arbeiten wollen, gehen Sie einfach auf die andere Seite. Oder Sie bleiben, wo Sie sind, und machen aus dem »Zug« eine Druckbewegung. Dabei drücken Sie die flachen Hände abwechselnd von der Hüfte in Richtung Bauch.

Wenn Ihr Partner in Bauchlage ist, können Sie eine weitere Zugbewegung ausführen. Stellen Sie sich ans Kopfende und legen Sie die Hände flach auf seine Schultern, sodass die Finger zu seinen Hüften zeigen. Streichen Sie neben der Wirbelsäule abwärts, bei den Hüften teilen Sie die Hände, lassen sie zu den Seiten gleiten und lehnen sich dann zurück, um beide Hände langsam und kraftvoll an den Seiten hochzuziehen.

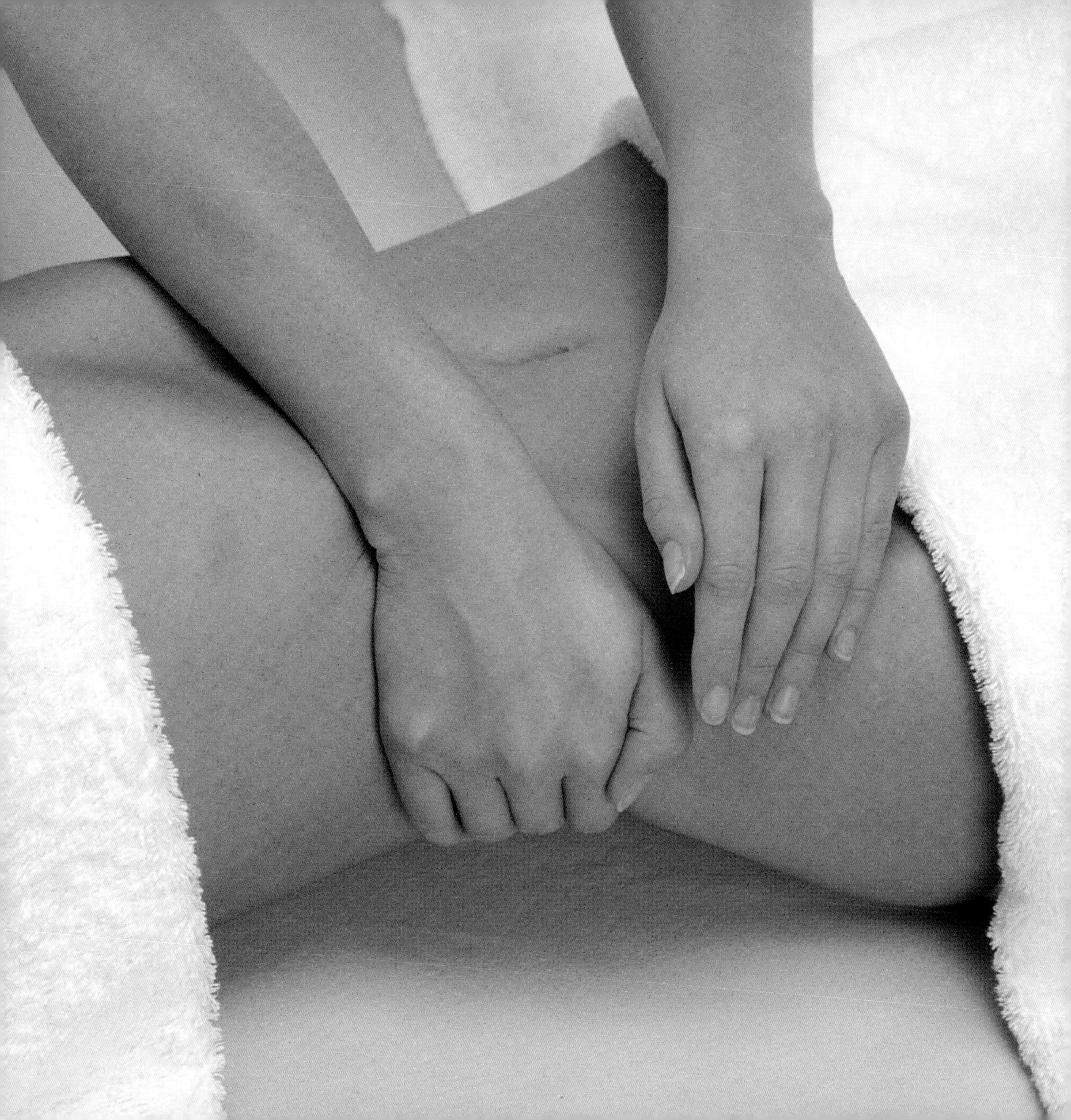

Ganzhandfriktion

GUT:
zum Aufwärmen einer kalten, verspannnten Region

VORSICHT:
bei empfindlicher oder dünner Haut

Legen Sie die ganzen Hände flach und mit locker geschlossenen Fingern auf die Haut Ihres Partners. Ohne viel Druck dabei auszuüben, reiben Sie nun die Hände kräftig vor und wieder zurück. Dieses Reiben (Friktion) erzeugt auf der Haut gesunde Wärme. Reiben Sie so lange über eine Region, bis Sie die Hitze spüren – oft rötet sich die Haut leicht und »glüht«. Dann lassen Sie, ohne mit dem Reiben aufzuhören, Ihre Hände zum nächsten Bereich gleiten, bis das ganze Gewebe warm und belebt ist. Falls Ihre Hände ermüden, entspannen Sie diese, ohne jedoch langsamer zu werden. Etwa eine Minute sollte reichen, um den jeweiligen Bereich aufzuwärmen.

ANMERKUNGEN

Wenn Sie an einer Region arbeiten, die nicht nur chronisch verspannt ist, sondern sich auch eiskalt anfühlt, ist der zeitweilige Einsatz von Ganzhandfriktionen sehr hilfreich. Verspannte Regionen sollten immer – mit Streichen und Kneten – aufgewärmt werden, bevor Sie tiefergehende Massagegriffe einsetzen. Ab und zu werden Sie merken, dass das Gewebe trotz Ihres Einsatzes kalt und unflexibel bleibt. Überprüfen Sie dann, ob der Raum warm genug ist. Falls Ihrem Partner warm genug ist, dann versuchen Sie den kalten Bereich durch Ganzhandfriktion zu erwärmen.

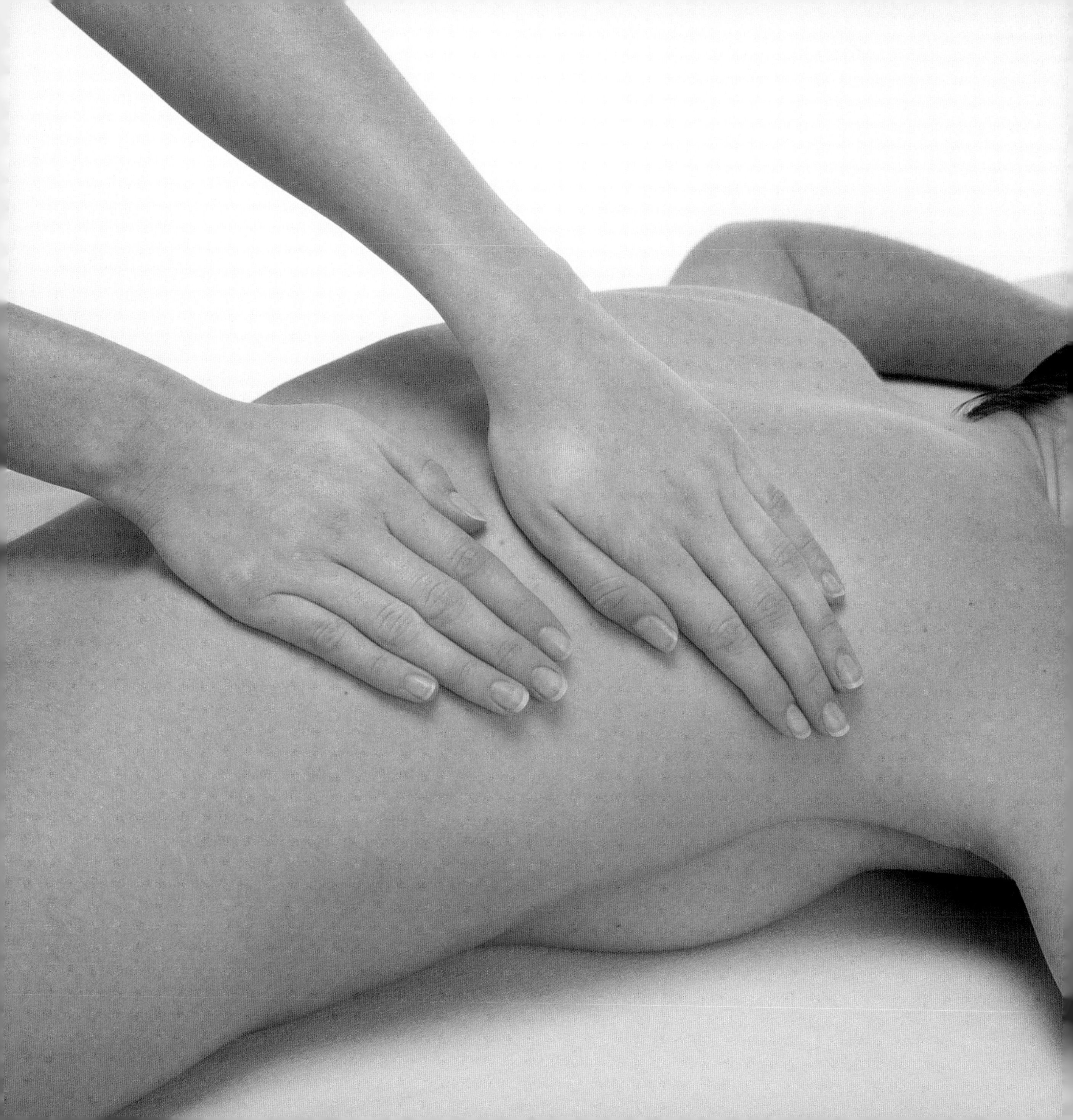

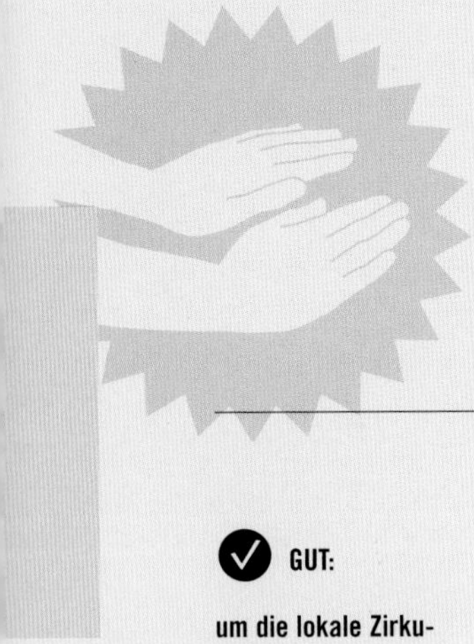

Hacken

GUT:
um die lokale Zirkulation in einer Körperregion anzuregen

VERMEIDEN:
falls die jeweilige Körperregion knochig ist, die Haut dort sehr empfindlich ist oder Krampfadern aufweist

Hacken ist eine belebende Technik, welche die Zirkulation in den Muskeln anregt. Lassen Sie dabei Arm und Handgelenk völlig locker und setzen Sie die Außenseiten der Hände ein, um damit wechselweise Schultern, Gesäß oder Schenkel Ihres Partners auf- und abwärts zu klopfen. Dies ist eine sehr rasche Bewegung, die am besten funktioniert, wenn die Handflächen eng nebeneinander liegen, sodass Ihre Finger beim Klopfen leicht übereinander streichen. Falls Sie Arme oder Handgelenke versehentlich anspannen, könnte das Hacken in Karateschläge ausarten. Achten Sie daher darauf, die Handgelenke bei dieser Technik immer locker zu lassen.

ANMERKUNGEN

Falls Sie bei Ihrem Partner das Hacken anwenden wollen, muss die Region davor gut mit Streichen und Kneten aufgewärmt sein. Wenden Sie das Hacken nur auf fleischige Regionen an, wie Gesäß, Schenkel oder muskulöse Schultern. Diese Behandlung heizt die Haut ordentlich auf. Setzen Sie das Hacken jedoch nicht auf knochigen Bereichen, sensibler Haut oder in der Nähe von Krampfadern ein, da es dort unangenehm sein und sogar schaden könnte. Und wenn Sie Ihrem Partner eine ruhige Entspannungsmassage geben wollen oder er eingeschlafen ist, lassen Sie es weg.

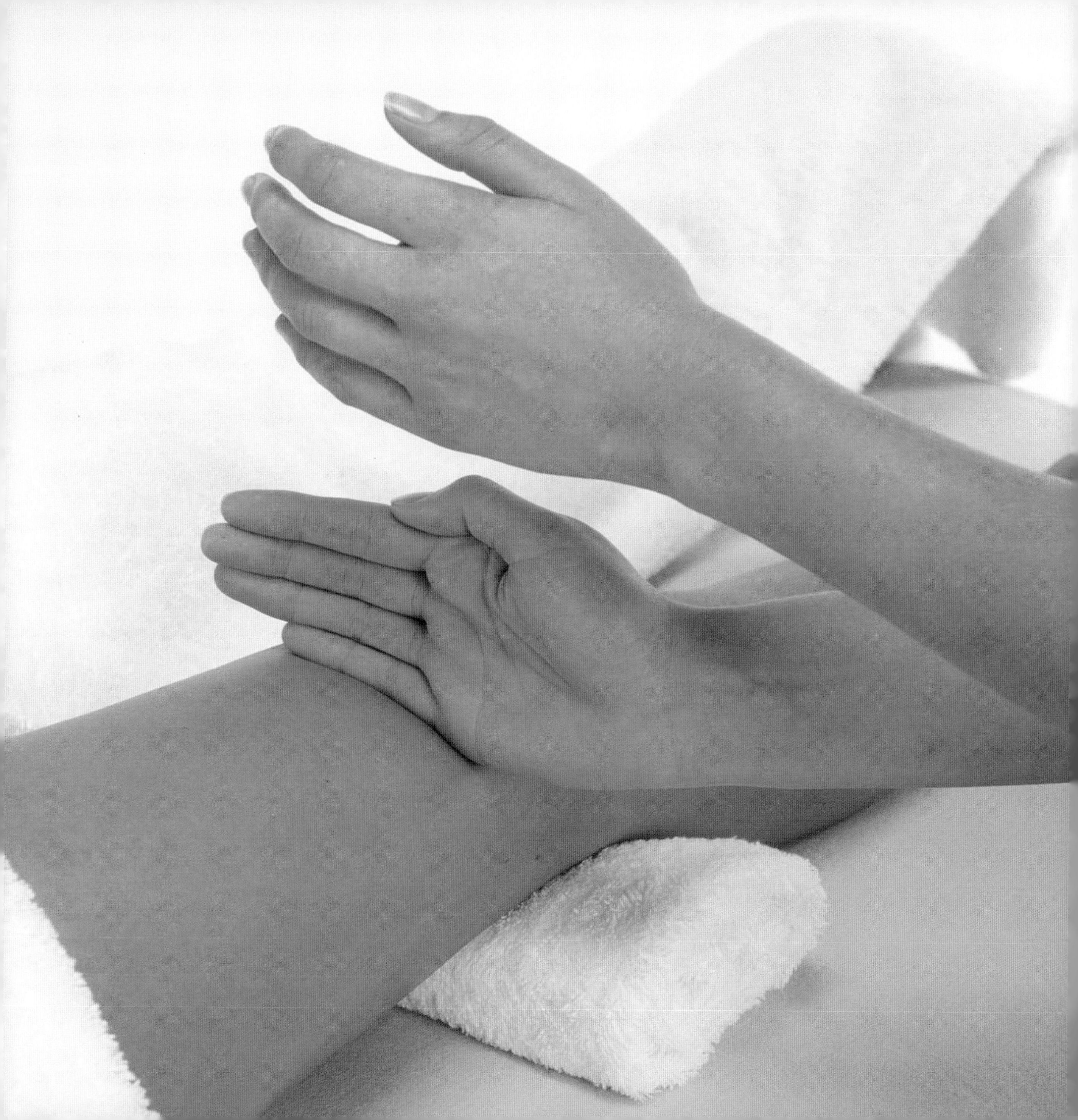

Dehnen

✔ GUT:
entspannt einen verspannten Rücken mittels Dehnung

Legen Sie Ihre Unterarme nebeneinander quer über die Rückenmitte Ihres Partners und lassen Sie diese langsam mit konstant leichtem Druck auseinander gleiten, bis ein Unterarm das Kreuzbein (am Ende der Wirbelsäule) und der andere fast den Nackenansatz erreicht hat. Dies ergibt eine herrliche Dehnung. Sie können diese auch mit Ihren Händen probieren. Drücken Sie dabei nicht direkt auf die Wirbel: Üben Sie mit der gesamten Handfläche gleichmäßig Druck aus. Stellen Sie sich vor, Sie würden sanft die Wirbelsäule ausdehnen wollen. Nach der Dehnung lassen Sie die Hände noch einige Zeit am Kreuzbein und Nackenansatz liegen.

ANMERKUNGEN

Sanfte, passive Dehnungen lindern chronische Kontraktion und Verspannung, da sie im Körper die Erinnerung wachrufen, dass er sich strecken und entspannen kann. Sie sind am Ende der Massage am wirkungsvollsten. Stellen Sie sich vor, Sie hätten ein Stück kalten, zähen Tons vor sich: Er lässt sich leichter auswalken, wenn er davor aufgewärmt und geknetet wurde. Viele genießen eine Unterarmdehnung am Ende einer Rückenmassage – machen Sie sie daher öfter. Sie können sie mit dem Atem Ihres Partners synchronisieren: Beginnen Sie beim Ausatmen zu dehnen.

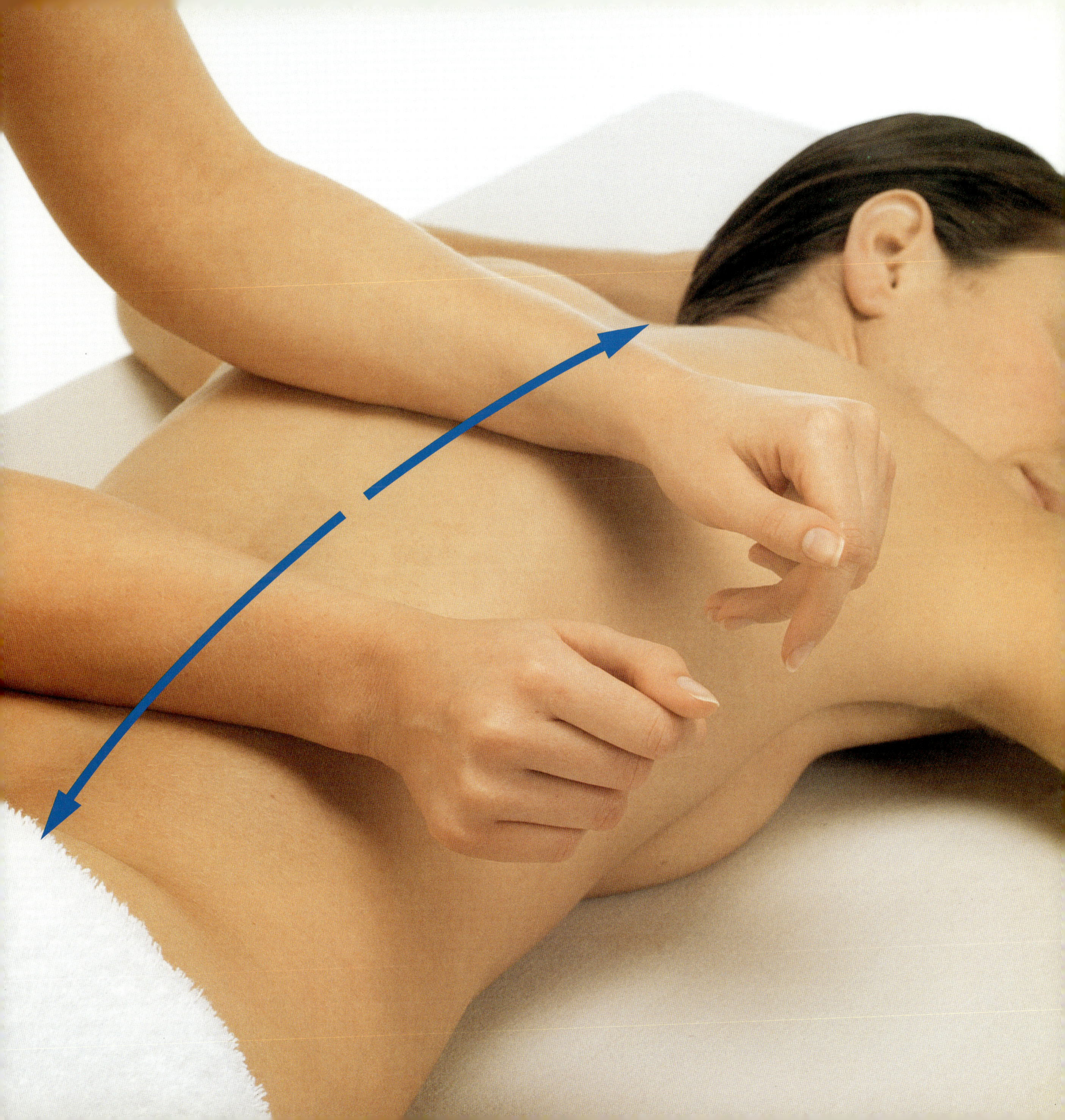

Einfaches Halten

GUT:
am Anfang und Ende einer Massage; es stärkt Ruhe und Konzentration beim Masseur und vermittelt dem Gehaltenen ein Gefühl von Sicherheit

Halten bedeutet einfach, Ihre Hände auf Ihren Partner zu legen und sich dabei auf die Fürsorge und den Respekt, die Sie ihm entgegenbringen, zu konzentrieren. Diese Art des Gehaltenwerdens ist sehr entspannend, beruhigend und stärkend für den Empfangenden und beruhigt auch Sie selbst. Sie können Ihre Hände auf den Rücken, Bauch, oberen Brustkorb oder Kopf Ihres Partners legen. Stützen Sie sich nicht auf die Hände und üben Sie damit keinen Druck aus – machen Sie daraus lieber einen meditativen Akt, ein bewusstes »Handauflegen«. Atmen Sie dabei tief, lassen Sie den Rest der Welt hinter sich und nehmen Sie sich genug Zeit dafür.

ANMERKUNGEN

Sie können die Massage mit einfachem Halten beginnen: Es hilft, sich selbst zu sammeln, und bereitet Ihren Partner auf eine heilsame Behandlung vor. Halten Sie ihn einfach ein bis zwei Minuten lang, ohne jeglichen Druck auszuüben – diese Berührung macht Ihren Partner ruhig und entspannt. Senden Sie Ihr Bewusstsein in die Handflächen: Ab und zu werden Sie ein lebendiges Prickeln darin spüren. Sie können auch die Massage damit abschließen und Ihrem Partner einen stillen Segen schicken, bevor Sie Ihre Hände von ihm nehmen. Genießen Sie das Handauflegen: Es ist etwas Besonderes.

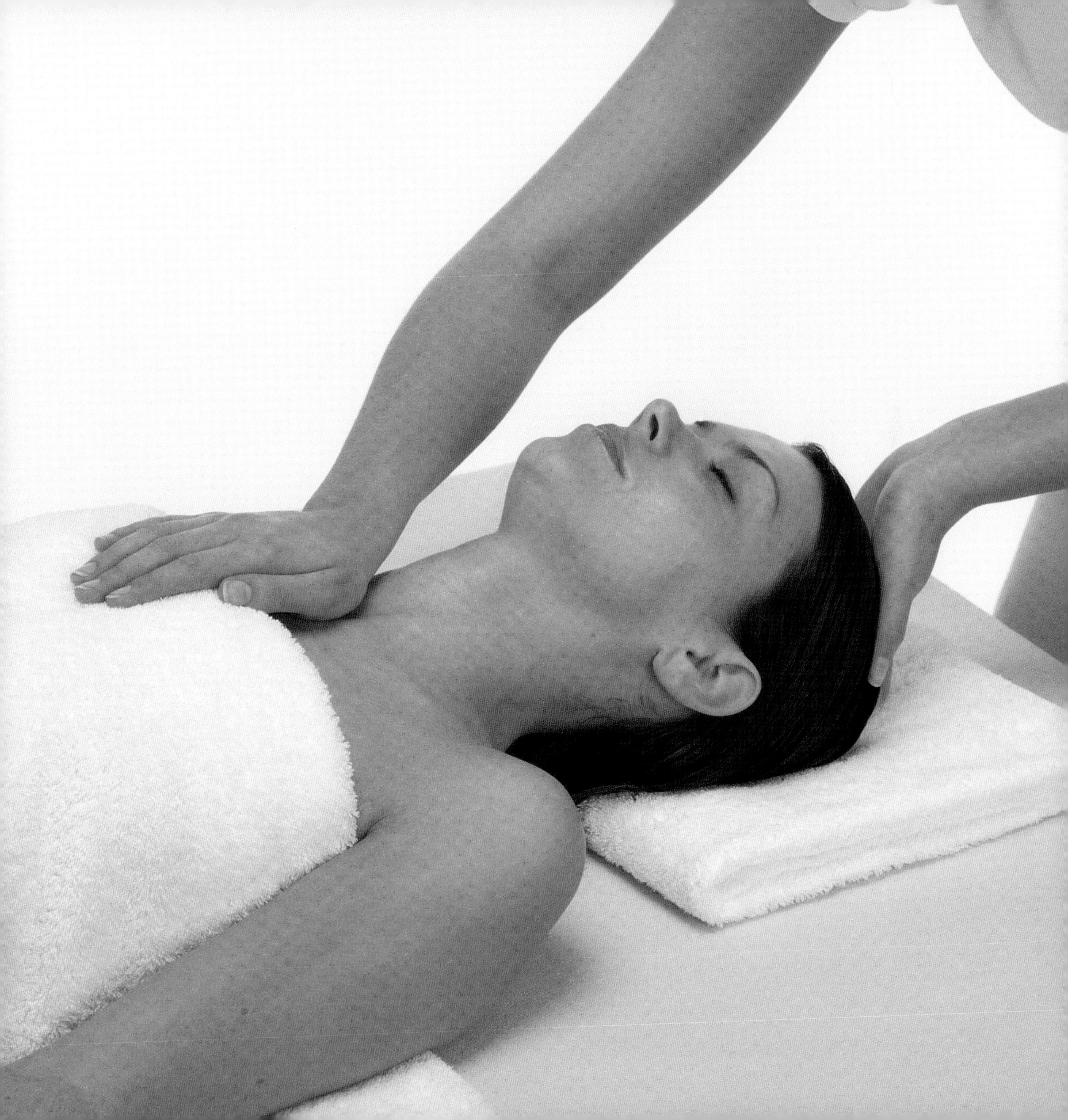

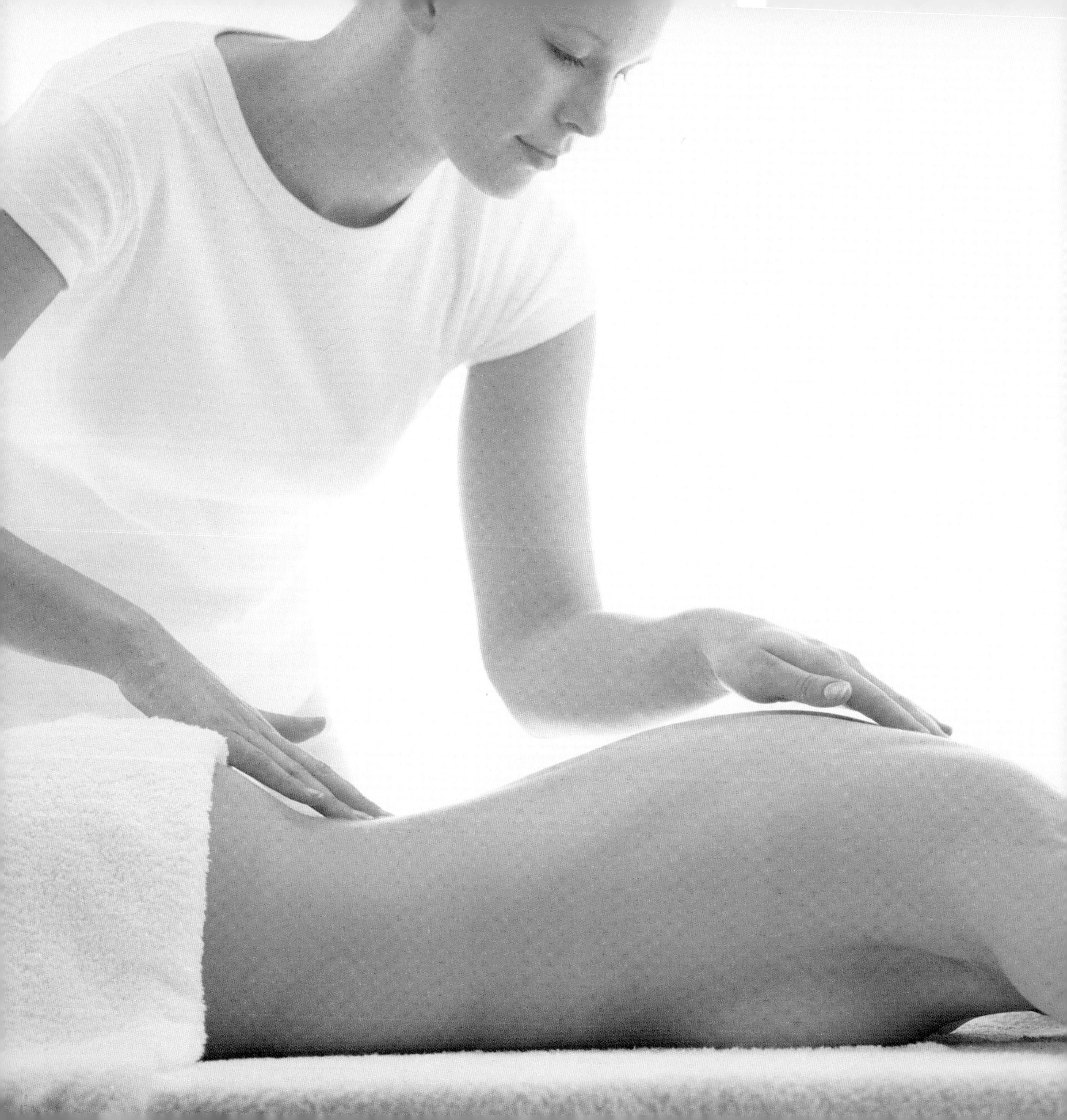

KAPITEL 3: Einfache Massagen

Sobald Sie die grundlegenden Massagetechniken beherrschen, können Sie diese Techniken kombinieren und zu einem Massageablauf verbinden. In diesem Kapitel werde ich Sie durch eine kurze Massage für Schultern und Nacken (S. 58–59) und sieben weitere Massagen für verschiedene Körperregionen führen. Diese können einzeln angewandt oder miteinander zu einer herrlichen Ganzkörpermassage verbunden werden. Eine gute Massage beginnen Sie damit, die Muskeln Ihres Partners zu lockern und aufzuwärmen, dann passen SIe die Massagegriffe den Bedürfnissen des Empfangenden an. Denken Sie daran, dass kein Massageablauf in Stein gemeißelt ist – mit zunehmender Erfahrung werden Sie mehr Flexibilität in einer Behandlung walten lassen und zum Beispiel länger an besonders verspannten Schultern arbeiten. Nichtsdestotrotz halten sich auch professionelle Masseure an die Grundlagen eines Massageablaufs, der sozusagen als Straßenkarte dient, um den Weg nicht ganz aus den Augen zu verlieren.

Schultern und Nacken

2

Diese Behandlung kann jemanden nach einem harten Arbeitstag aufrichten. Sie brauchen dazu zwei Stühle. Hüllen Sie den Körper Ihres Partners in ein Handtuch und lassen Sie ihn sich bequem hinsetzen. Setzen Sie sich hinter ihn, ölen Sie Ihre Hände ein, sammeln Sie sich und berühren Sie leicht seinen oberen Rücken. ① Beginnen Sie mit den flachen Händen zwischen den Schulterblättern zu streichen und dann über Nacken und Schultern und zurück zum Ausgangspunkt zu fahren. Lassen Sie dabei die Finger locker und setzen Sie die ganzen Handflächen ein. ② Sobald der Bereich warm ist, legen Sie Ihre Daumen unter den Nacken neben die Wirbelsäule. Lassen Sie die Daumen klein-

1

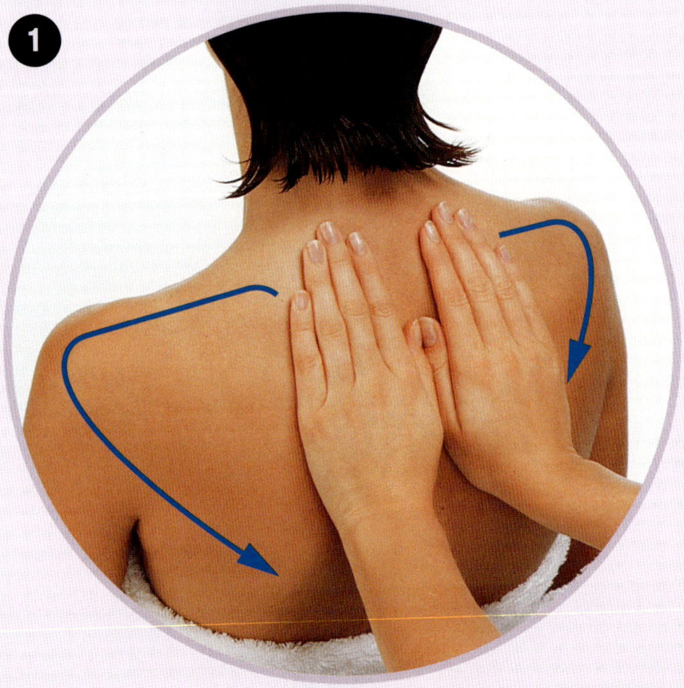

2

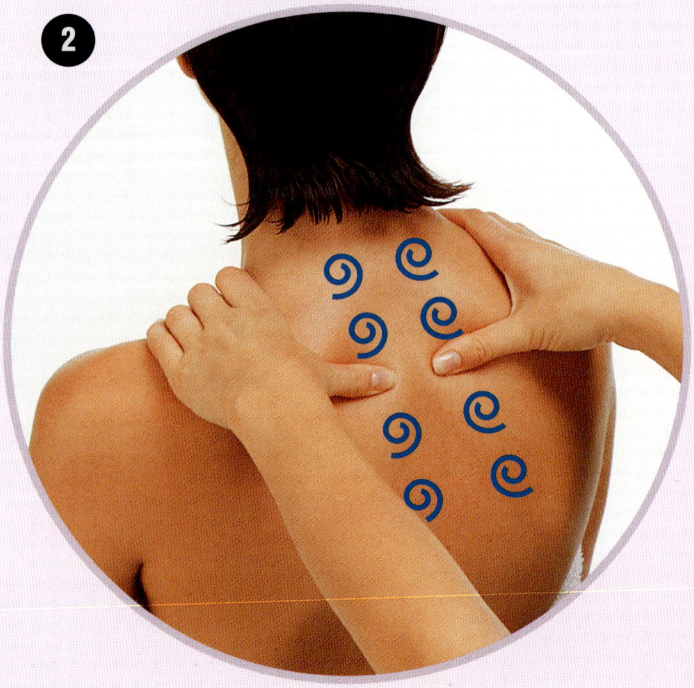

flächig kreisen, während Sie sich leicht darauf lehnen. Arbeiten Sie zum Handtuchrand hinab und dann wieder zum Nacken hinauf. ③ Bleiben Sie in Kontakt, während Sie sich neben die rechte Schulter Ihres Partners stellen. Drücken Sie öfters sanft den Nacken und danach mit Finger und Daumen leicht unter der Schädelbasis zusammen.

④ Halten Sie die Schulter zwischen den Händen und lassen Sie entlang ihrer Oberseite beide Daumen abwechselnd bis zum Hals kreisen; das Gleiche bei der anderen Schulter. Stellen Sie sich hinter den Partner und streichen Sie wie anfangs über den Rücken. ⑤ Streichen Sie mit den Fingerspitzen mehrmals vom Nacken die Schultern aus.

3

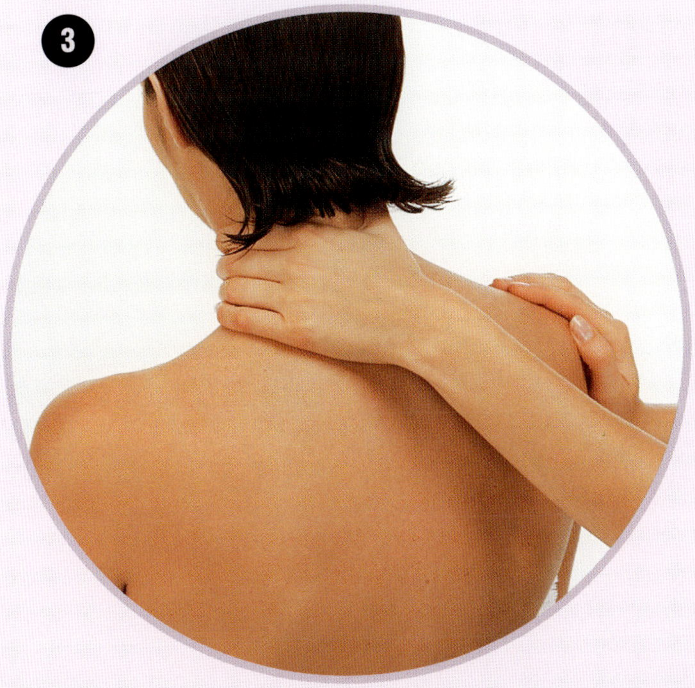

4

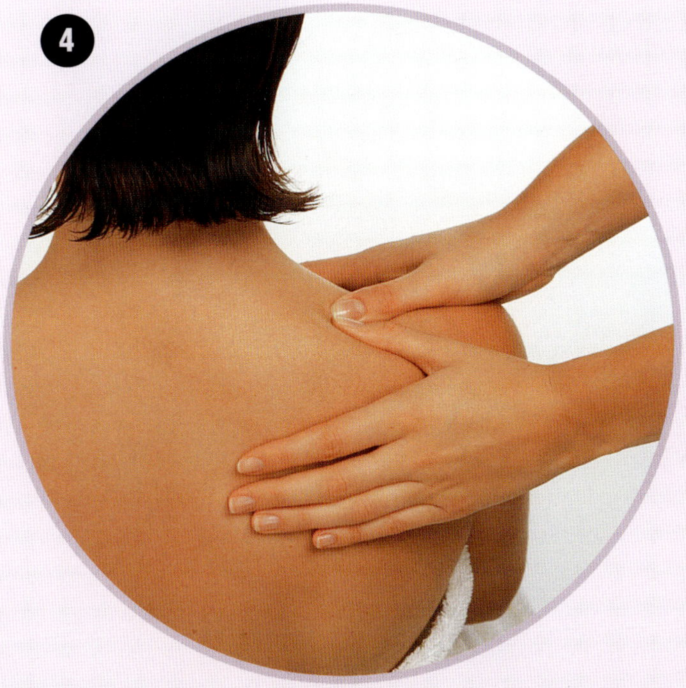

Rücken

3

Lassen Sie Ihren Partner bequem auf dem Bauch liegen. Legen Sie ein Handtuch über seine Beine und Hüften und ein weiteres über seinen Rücken. Sobald Sie startbereit sind, entfernen Sie das Körper-Handtuch und falten das andere so, dass der ganze Rücken frei ist. Ölen Sie diesen mit sanften Strichen ein. ① Stellen Sie sich ans Kopfende und legen Sie die Hände locker seitlich der Wirbelsäule auf die Schultern Ihres Partners. Stützen Sie sich leicht auf die Hände und streichen Sie so zur Taille hinab. Dort teilen Sie die Hände und fahren damit seitlich die Hüften hinab. Verlagern Sie Ihr Gewicht nach hinten, streichen Sie an den Seiten Ihres Partners hoch und dehnen Sie ihn dabei.

1

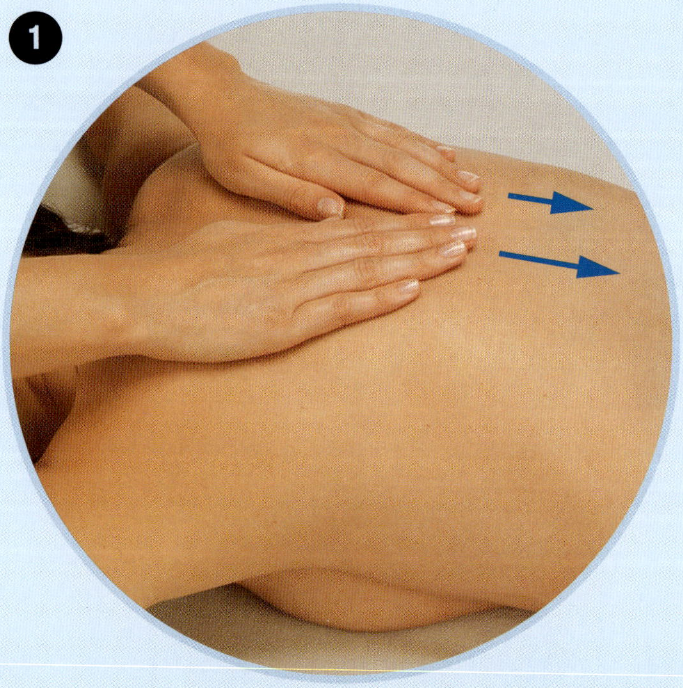

2

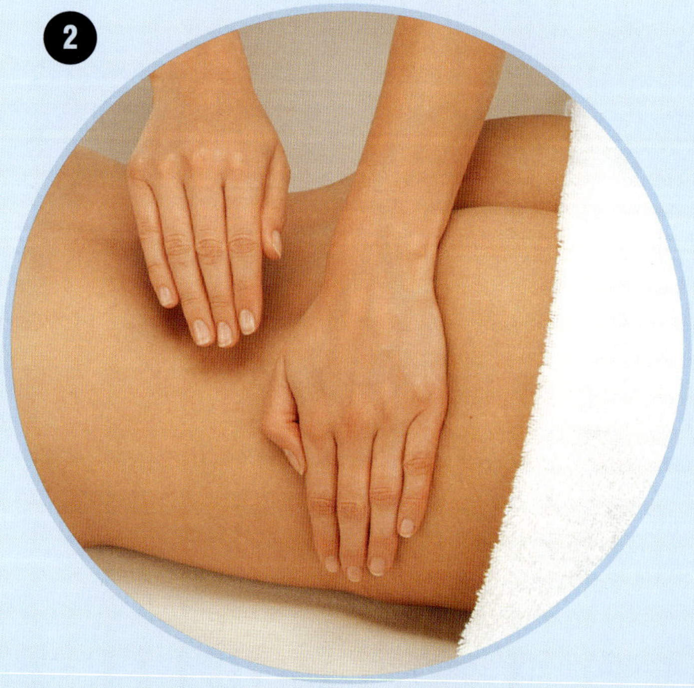

Wiederholen Sie dies mehrmals. ② Halten Sie den Körperkontakt und stellen Sie sich seitlich neben Ihren Partner. Legen Sie eine Hand auf seine entgegengesetzte Hüfte und ziehen Sie die Hand sanft Richtung Wirbelsäule. Arbeiten Sie sich in dieser Art von der Hüfte bis knapp unter die Armhöhle hinauf. Wiederholen Sie diesen Griff auf der Ihnen zugewandten Seite und drücken Sie dabei eher die Hände abwechselnd seitwärts, als auf Zug zu arbeiten. ③ Legen Sie die Hände übereinander auf das Kreuzbein und lassen Sie diese langsam und sanft kreisen, bis der Bereich warm ist. ④ Streichen Sie öfter den Rücken hoch und über die Schultern wieder zum Kreuzbein hinab.

3

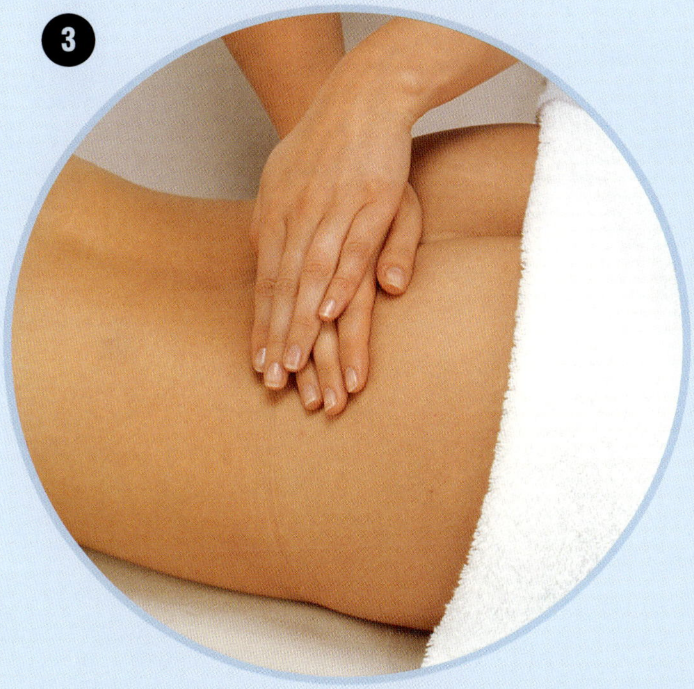

4

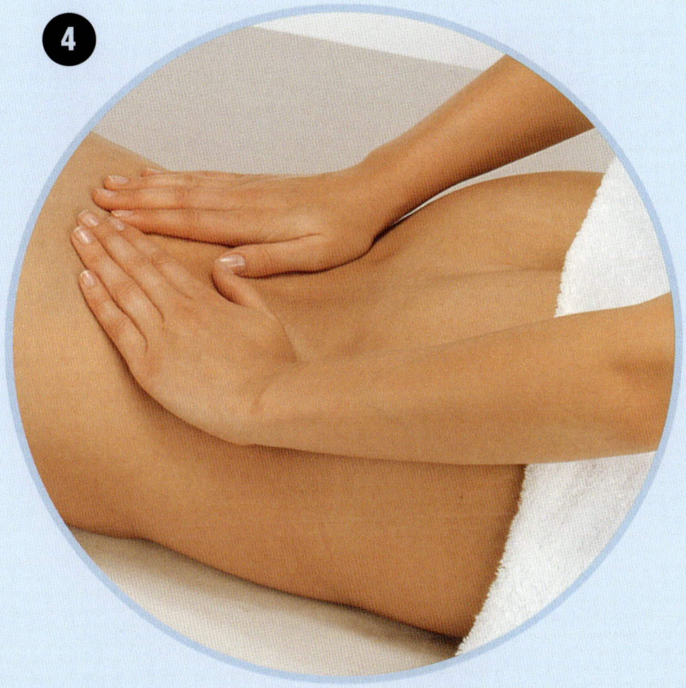

⑤ Kneten Sie nun die entgegengesetzte Pobacke durch. Nehmen Sie etwas Fleisch, drücken Sie es mit einer Hand zusammen und lassen Sie es locker in die andere Hand gleiten. Setzen Sie die ganze Hand ein, um nicht zu kneifen. Kneten Sie rhythmisch, bis der Bereich wärmer und lockerer wird. ⑥ Eine Hand bleibt entspannt am Kreuzbein, während die andere den gekneteten Bereich kräftig im Kammgriff bearbeitet. Schaben Sie mit den Knöcheln jedoch nicht über den Beckenrand. ⑦ Streichen Sie nun den Daumenballen fest über den im Kammgriff bearbeiteten Bereich, um ihn zu »entwässern«. Wechseln Sie die Seite und wiederholen Sie Kneten, Kammgriff und Drainage an der

5

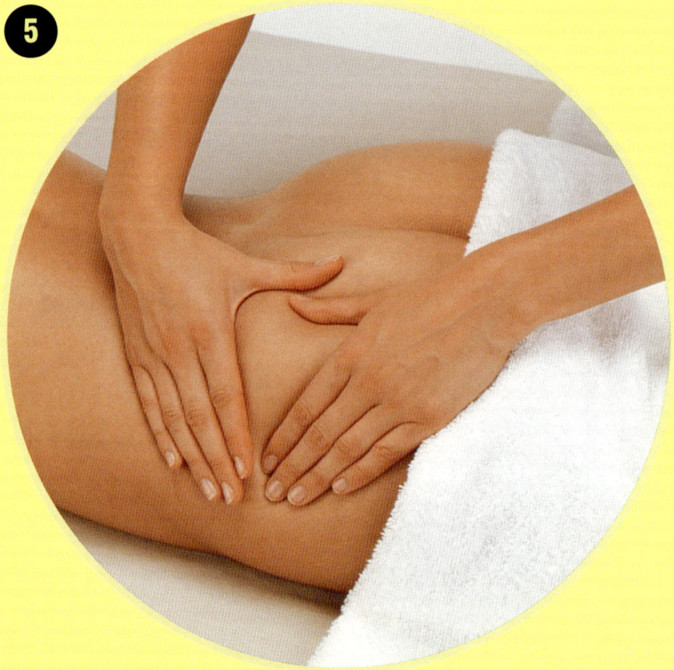

6

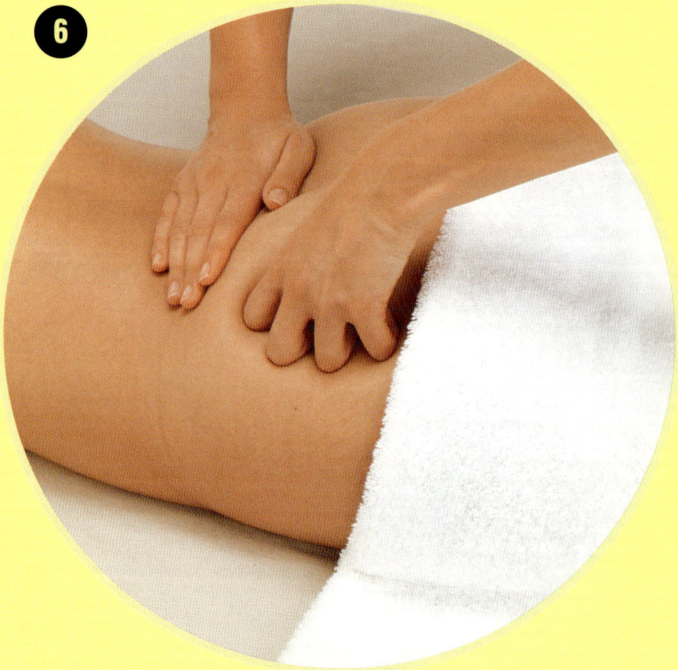

anderen Pobacke. Streichen Sie den ganzen Rücken mehrmals wie in Schritt ④ aus: Jedes Mal, wenn Sie die Arbeit an einem Teilbereich beendet haben, verwenden Sie danach diese Streichung, um alle Rückenteile miteinander zu verbinden.

⑧ Legen Sie die Daumen über dem Kreuzbein neben die Wirbelsäule, die Finger weisen seitwärts. Beginnen Sie mit der Daumenfriktion entlang der Wirbelsäule bis zum Nackenansatz zu wandern. Die meisten haben unterschiedlich harte und weiche Stellen – fragen Sie Ihren Partner, ob er gerne mehr oder weniger Druck hätte, und lassen Sie die Daumen an harten, verspannten Stellen länger kreisen. Wiederholen Sie den Prozess einige Male.

7

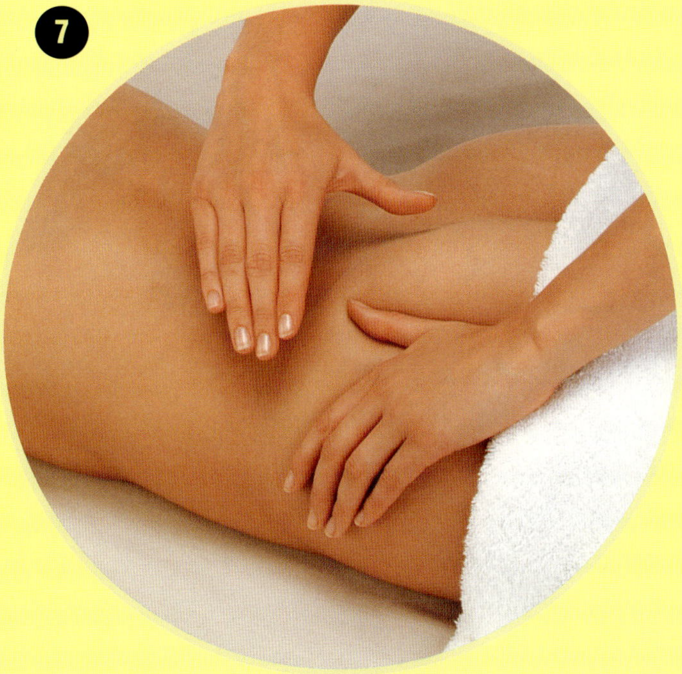

8

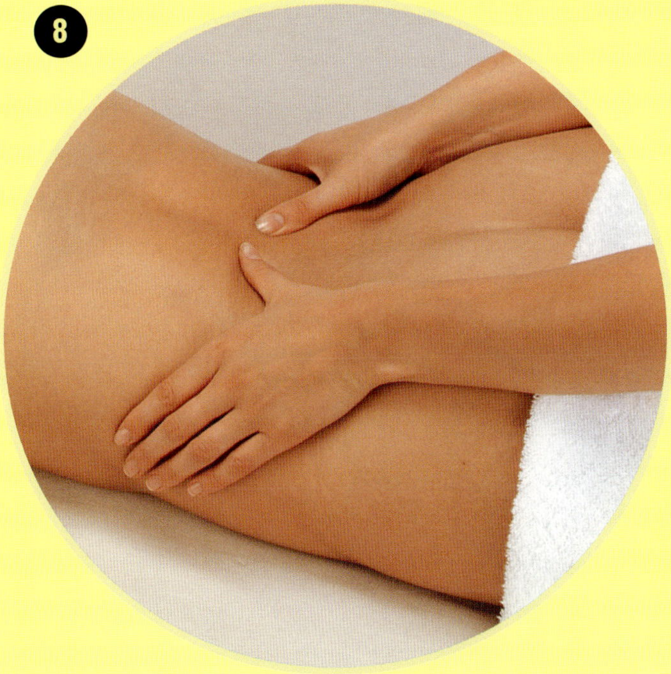

⑨ Bearbeiten Sie nun weiter mit der Daumenfriktion den Bereich zwischen Wirbelsäule und Schulterblättern und lassen Sie die Daumen schrittweise zu den Schultern hinaufwandern. Arbeiten Sie sich in der gleichen Art oben an den Schultern entlang. Dann streichen Sie wieder den ganzen Rücken aus. ⑩ Bleiben Sie neben Ihrem Partner und drehen Sie sich nun frontal zum Rücken. Lehnen Sie sich nach vorne und legen Sie die Unterarme nebeneinander mittig über seinen Rücken. Nun drücken Sie beide Unterarme langsam auseinander, bis einer davon am Kreuzbein und der andere am Nackenansatz liegt. Dies ist eine wunderbare Dehnung; wiederholen Sie sie mehrmals. ⑪ Legen Sie

9

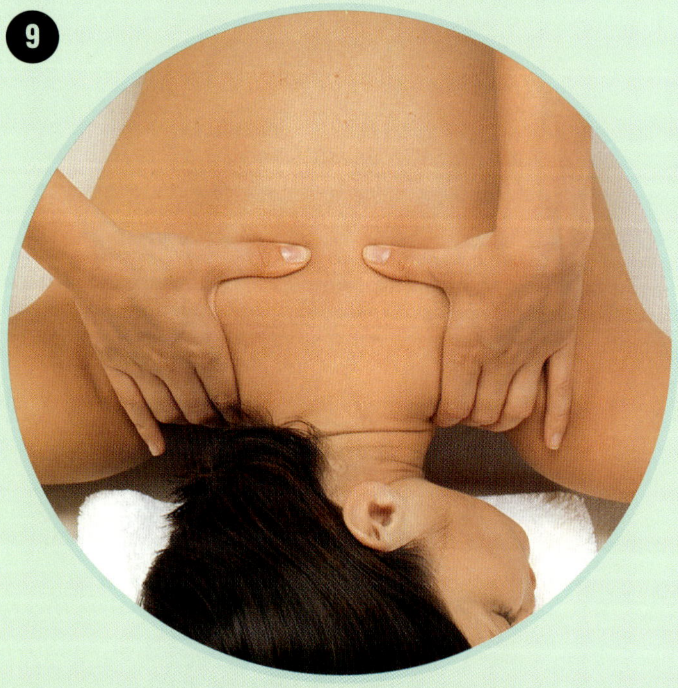

10

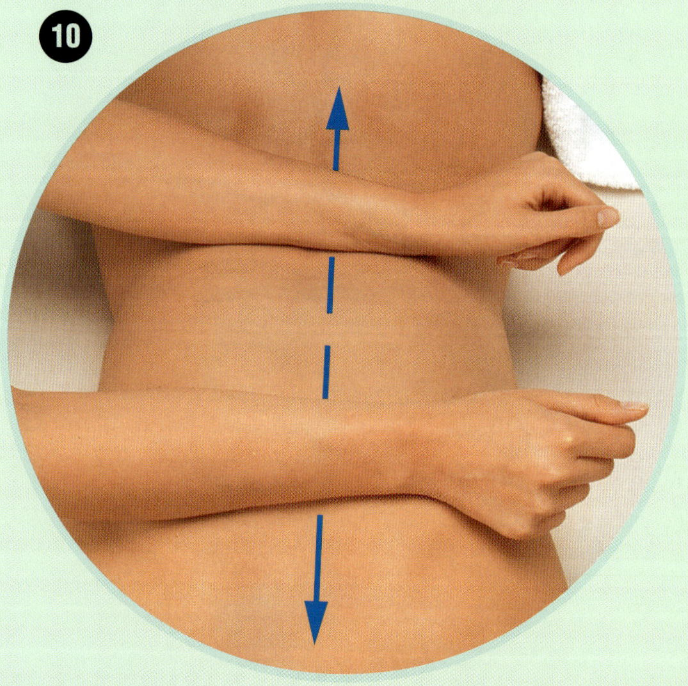

am Nackenansatz Mittel- und Zeigefinger jeweils links und rechts neben die Wirbelsäule und die freie Hand zur Unterstützung quer über die Arbeitshand. Ziehen Sie nun mit Druck die Finger die Wirbelsäule hinab bis zum Kreuzbein. Danach streichen Sie wieder den ganzen Rücken aus. ⑫ Schließen Sie mit Handauflegen ab. Dabei legen Sie eine Hand auf das Kreuzbein, die andere auf den oberen Rücken. Bleiben Sie kurze Zeit so. Wenn Sie wollen, senden Sie Ihrem Partner einen stillen Segen. Wenn Sie fertig sind, legen Sie das Handtuch wieder über Ihren Partner. Ist die Massage hier zu Ende, lassen Sie ihn kurz ruhen, bevor Sie ihm aufhelfen und ein Glas Wasser anbieten.

11

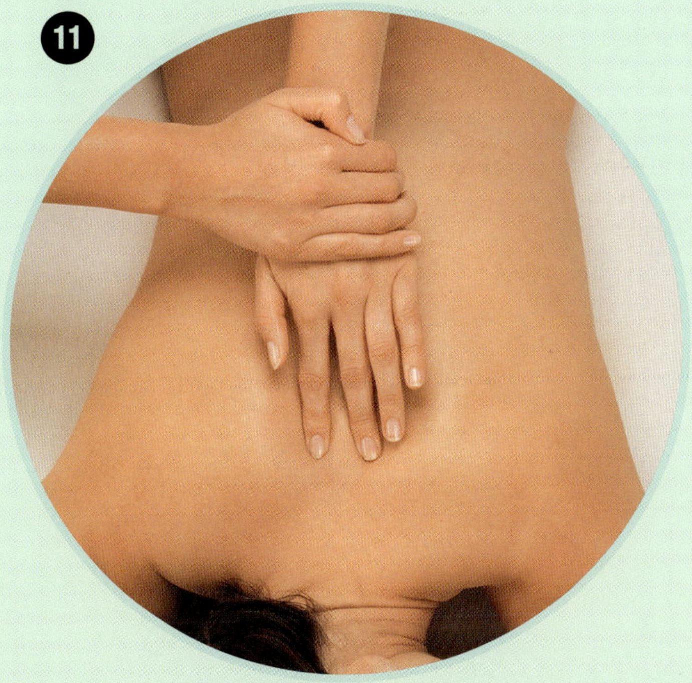

12

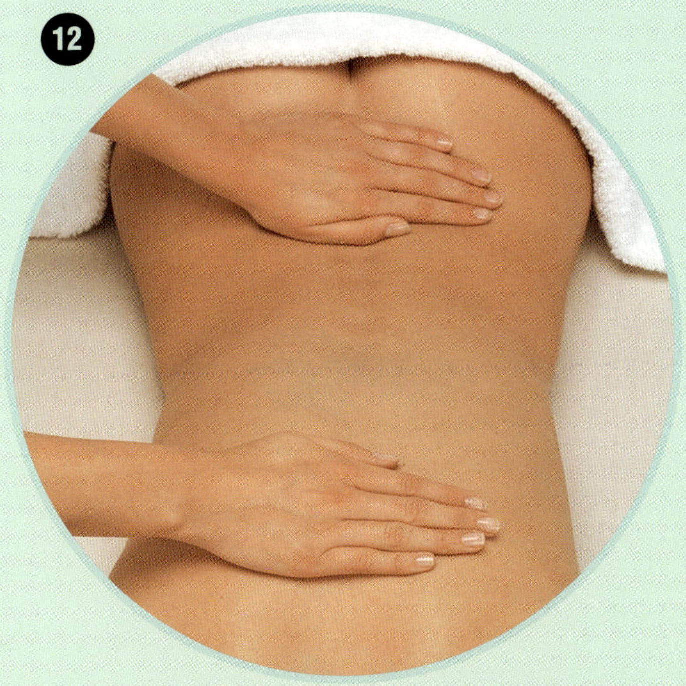

Rückseite der Beine

4

Dieser Ablauf folgt als Teil der Ganzkörpermassage auf die Rückenmassage. Legen Sie die Knöchel und Füße Ihres Partners auf ein Handtuch oder Kissen. Decken Sie Körper, Beine und Hüften jeweils mit einem Handtuch zu. Sobald Sie bereit sind, falten Sie das Bein-Handtuch diagonal, sodass ein Bein frei ist, doch die Hüften bedeckt sind. Streichen Sie das Bein sanft mit Öl ein. ① Legen Sie die Hände aneinander auf die Rückseite der Knöchel und umschließen Sie damit das Bein; die Finger weisen dabei in entgegengesetzte Richtung. Lehnen Sie sich sanft auf die Hände und drücken Sie sie aufwärts bis auf halbe Oberschenkelhöhe. Dann teilen Sie die Hände, ziehen Sie seitlich

1

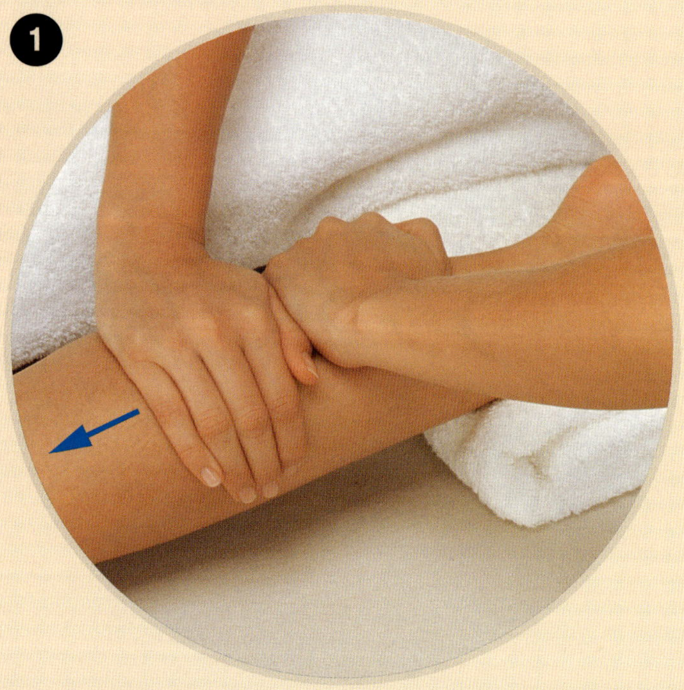

2

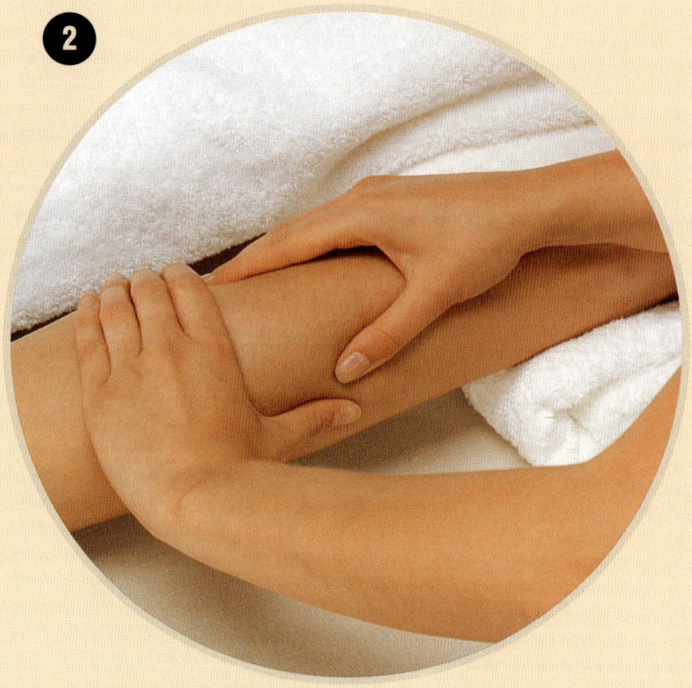

am Bein wieder zum Knöchel und streichen dann weiter aus der Fußsohle heraus. Wiederholen Sie dies mehrmals. ② Stellen Sie sich neben das Bein und kneten Sie den Wadenmuskel, bis er sich weich und warm anfühlt. ③ Kneten Sie nun in dieser Art den ganzen Schenkel aufwärts. ④ Sie legen nun die Hand unter das Fußgelenk und heben es, sodass die Wade im rechten Winkel zum Schenkel steht. Stützen Sie das Fußgelenk mit einer Hand und streichen Sie mit der anderen mehrmals fest vom Knöchel bis zur Kniekehle. Legen Sie das Bein ab. Wiederholen Sie Schritt ① und streichen Sie das ganze Bein hoch. Legen Sie das Handtuch um und wiederholen Sie alle Schritte auf der anderen Seite.

3

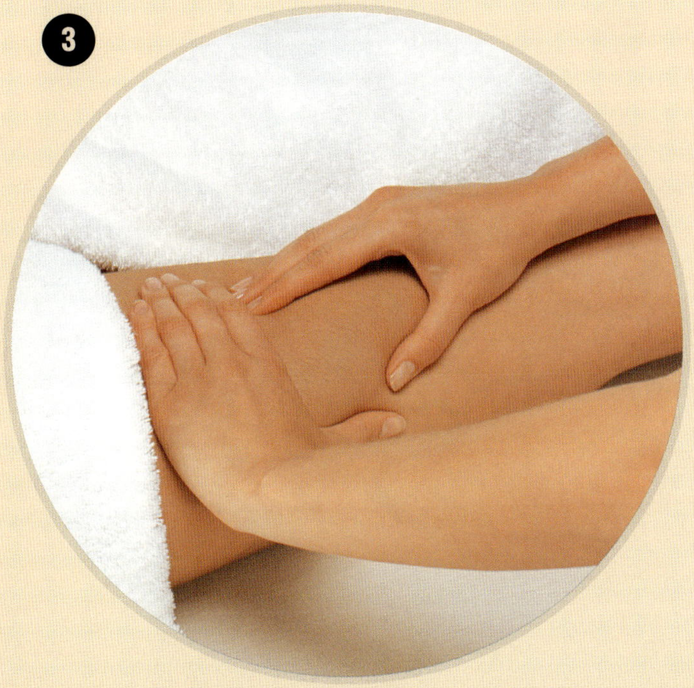

4

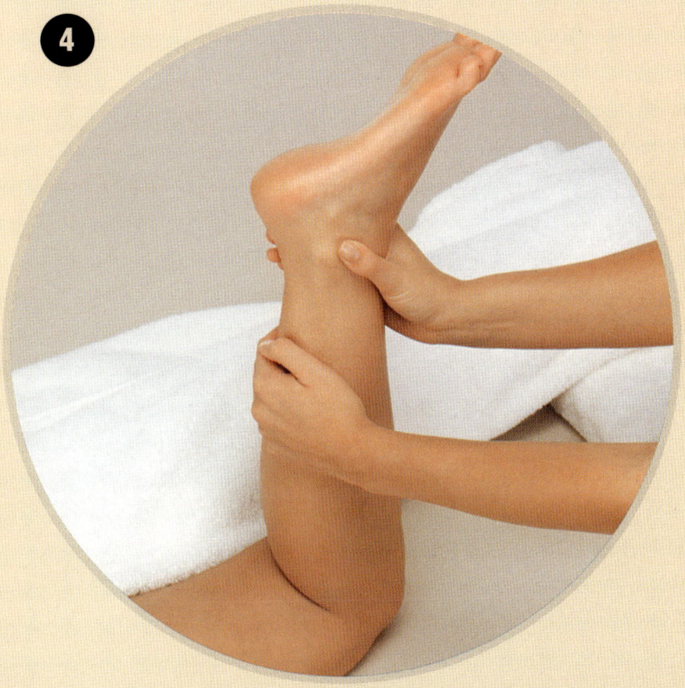

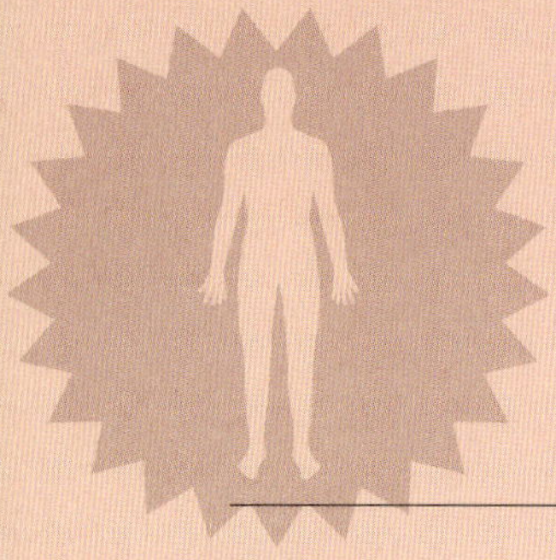

Vorderseite der Beine

5

Dieser Ablauf ist normalerweise Teil der Ganzkörpermassage. Helfen Sie Ihrem Partner, sich auf den Rücken zu drehen. Die meisten finden ein Kissen unter den Kniekehlen angenehm – probieren Sie es einmal selbst aus. Legen Sie ein Handtuch auf den Rücken und eines auf Beine und Hüften Ihres Partners. Sind Sie bereit, falten Sie das Bein-Handtuch diagonal, sodass ein Bein frei liegt, doch die Hüften bedeckt sind. Verteilen Sie das Massageöl sanft auf dem ganzen Bereich samt Fuß, den Sie kurz mit beiden Hände umschließen. ① Legen Sie Ihre Hände aneinander auf die Vorderseite des Knöchels, sodass die Finger in entgegengesetzte Richtung weisen. Stützen Sie sich etwas auf die Hände, die das Bein gut umschließen, und streichen Sie damit das Bein hinauf. Vermindern Sie den Druck, wenn Sie über die Knie streichen. Streichen Sie weiter den Oberschenkel hoch, dann teilen Sie die Hände und fahren ohne Druck seitlich wieder zum Fuß zurück. Umschließen Sie den Fuß mit einer Hand am Rist, einer auf der Sohle und ziehen Sie beide Hände über die Zehen hinaus. Wiederholen Sie den ganzen Vorgang einige Male.

1

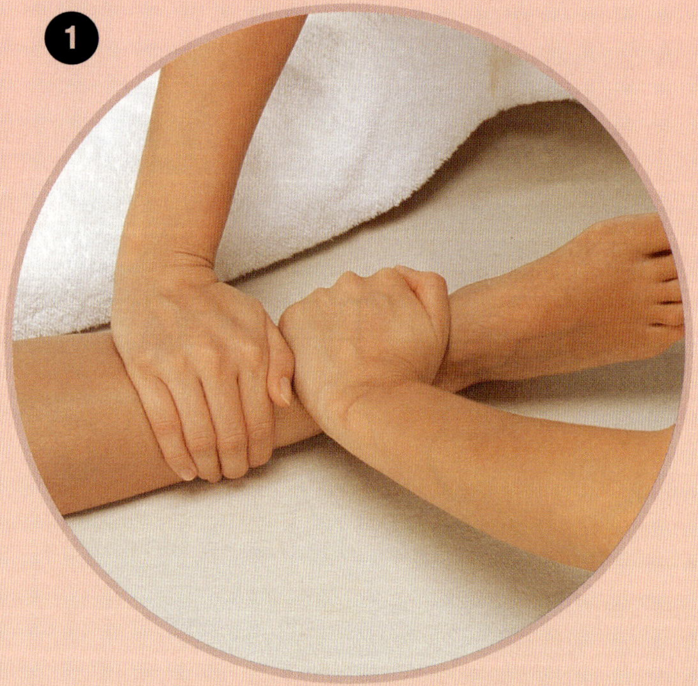

② Stellen Sie sich, ohne dabei den Körperkontakt mit Ihrem Partner zu unterbrechen, neben seinen Schenkel und kneten Sie dessen Ober- und Außenseite gut durch – respektieren Sie die Intimsphäre Ihres Partners und kneten Sie nicht den Innenschenkel durch. ③ Bearbeiten Sie den durchgekneteten Bereich im Kammgriff kräftig mit Ihren Knöcheln. Umgreifen Sie dabei stützend das Handgelenk der Arbeitshand mit der anderen Hand. Fragen Sie Ihren Partner, ob der Druck für ihn angenehm ist. Das Gewebe der Oberschenkel ist bei manchen Leuten verschlackt – dieser Massagegriff regt die Zirkulation an und fördert damit die Ausscheidung von Giftstoffen.

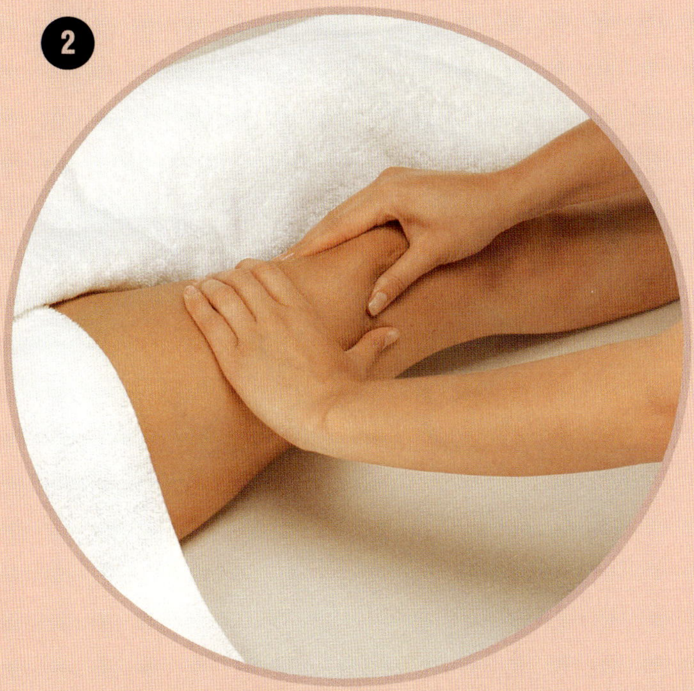

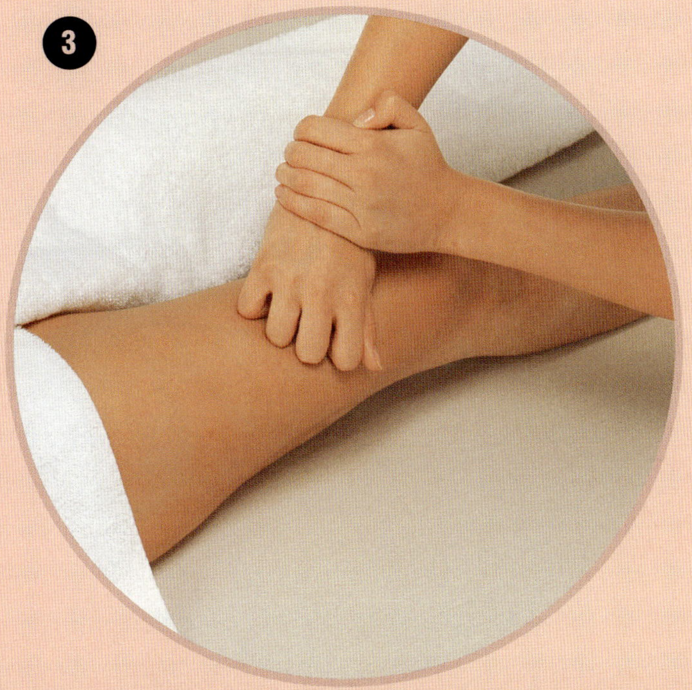

④ Bilden Sie mit Daumen und Zeigefinger ein V und streichen Sie wechselweise mit den Händen fest am Oberschenkel aufwärts, sodass eine Hand der anderen folgt. ⑤ Stellen Sie sich nun, ohne Ihren Partner loszulassen, neben seine Wade. Stützen Sie sein Knie mit Ihren Händen, wobei die Daumen jedoch frei bleiben. Von oben beginnend lassen Sie Ihre Daumen mit leichtem Druck in einer Tiefe, die Ihrem Partner noch angenehm ist, entlang der Kniescheibe kreisen. Danach massieren Sie mit den Fingern sanft die Kniekehle. ⑥ Nun bilden Sie wie zuvor mit Daumen und Zeigefinger ein V, legen jedoch diesmal eine Hand auf die andere, sodass die zwei Vs exakt übereinander lie-

4

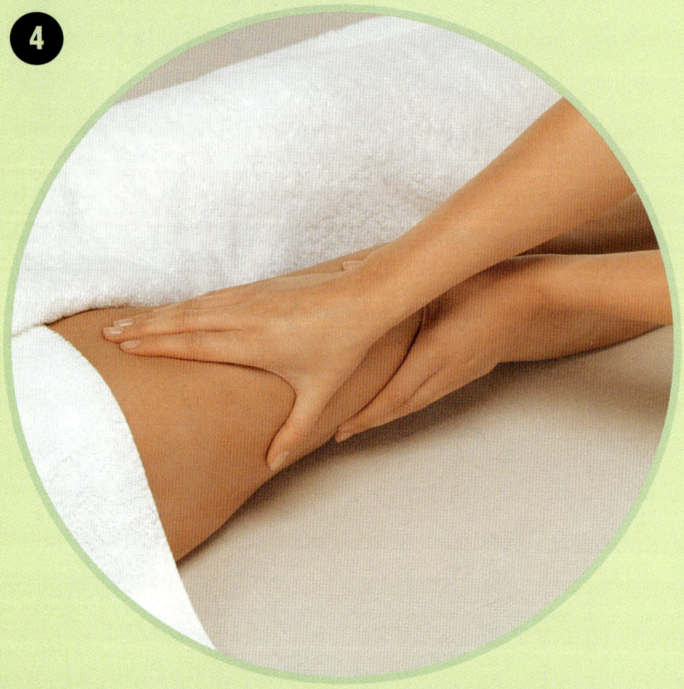

5

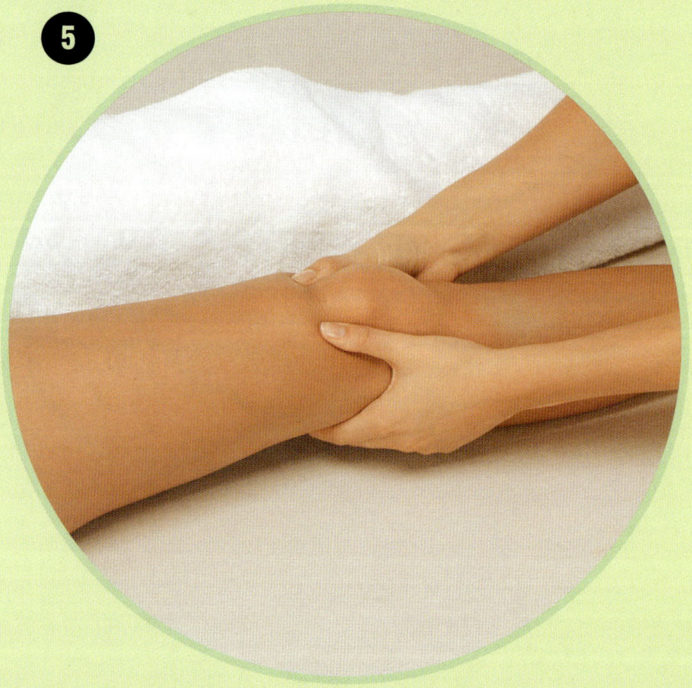

gen. Legen Sie dieses V genau unter das Knie Ihres Partners und die Finger um sein Bein. Verringern Sie auf jeden Fall den Druck, sobald Sie über das Knie streichen, und fahren Sie noch etwas über das Knie hinaus. Wiederholen Sie diese Bewegung mehrmals. ⑦ Umfassen Sie nun mit beiden Händen den Fußknöchel, sodass die Finger die Ferse stützen, und lassen Sie die Daumenballen um das Fußgelenk kreisen. Wiederholen Sie zum Abschluss Schritt ① und streichen Sie das Bein bis zur Hälfte des Oberschenkels hoch und an den Seiten wieder hinunter. Halten Sie danach noch kurze Zeit den Fuß zwischen beiden Händen fest. Nun wiederholen Sie alle Schritte am anderen Bein.

6

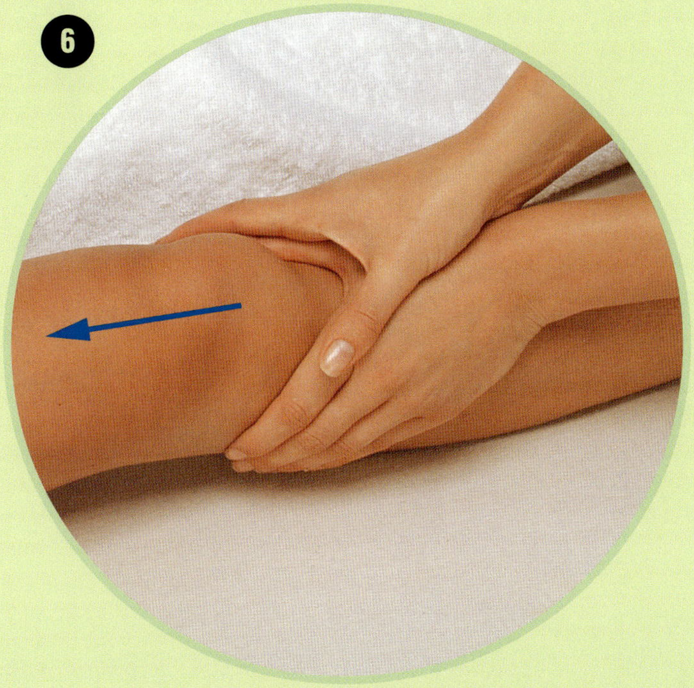

7

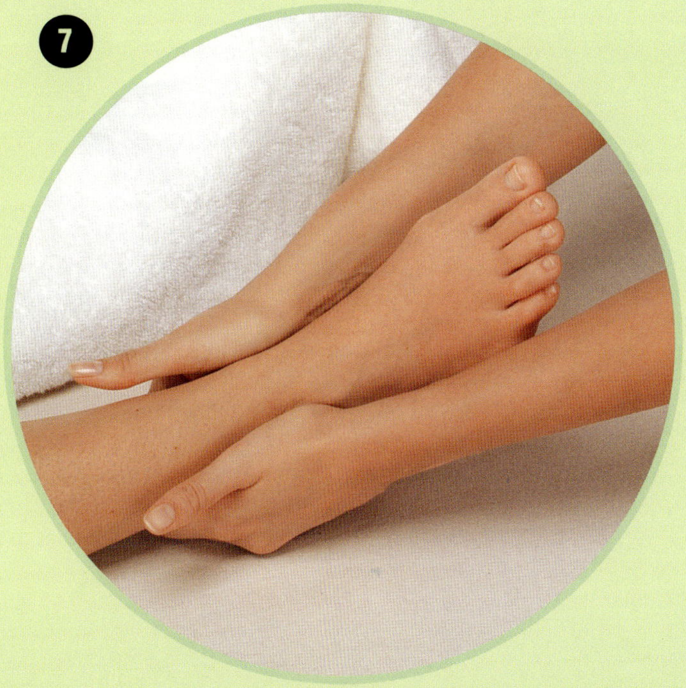

Füße

6

Eine Fußmassage ist eine wirksame Methode zur Entspannung des gesamten Körpers. Falls Ihr Partner dabei liegt, stützen Sie seine Kniekehlen auf einem Kissen ab. Sitzt er, dann achten Sie darauf, dass er bequem und entspannt ist, und stützen Sie seine Beine auf einem Hocker ab. Legen Sie ein Handtuch unter seine Beine und ein zweites in Greifweite. Ölen Sie zuerst die Unterschenkel und Füße sanft ein, wobei Sie seine Füße zwischen beide Hände nehmen. Dann decken Sie ein Bein samt Fuß mit dem zweiten Handtuch zu. ① Legen Sie beide Hände eng nebeneinander auf die Vorderseite des Fußgelenks, sodass die Finger in entgegengesetzte Richtung zeigen. Umfassen Sie beidseitig mit den Fingern das Bein. Stützen Sie Ihr Gewicht leicht auf die Hände und streichen Sie mit diesen Richtung Knie. Knapp unter dem Knie teilen Sie die Hände und streichen damit an den Seiten des Unterschenkels bis zum Fuß hinab. Dort lassen Sie eine Hand auf den Fuß und die andere unter die Sohle gleiten und umfassen den Fuß wieder wie ein »Sandwich«. Nun ziehen Sie die Hände über die Zehen hinaus und streichen so den Fuß aus. Diese

1

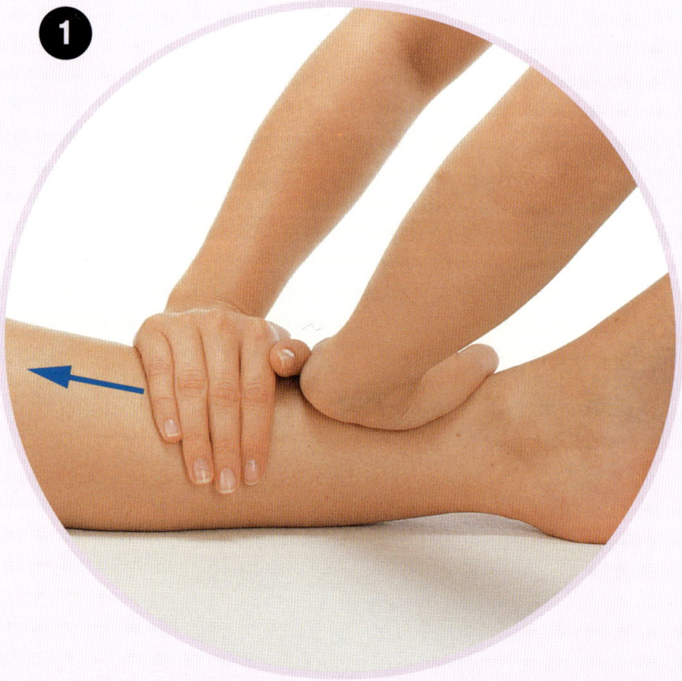

Bewegung wiederholen Sie mehrmals. ② Verschränken Sie die Hände um den Fuß, sodass die Daumen unter dem Fußgewölbe liegen und die Finger sich um den Rist spannen. Drücken Sie diese fest zusammen und lassen Sie, während Sie den Druck halten, die Hände zu den Zehen und darüber hinaus gleiten. Falls Ihr Partner diesen Griff mag, wiederholen Sie ihn mehrmals. ③ Legen Sie eine Hand auf die Oberseite des Fußes und massieren Sie die Sohle mit den Knöcheln der anderen Hand in kleinen Kreisen. Sie können Ballen, Fußgewölbe und Ferse durchaus kräftig im Kammgriff bearbeiten. Sogar kitzlige Personen genießen normalerweise diese tiefgehende und feste Massage.

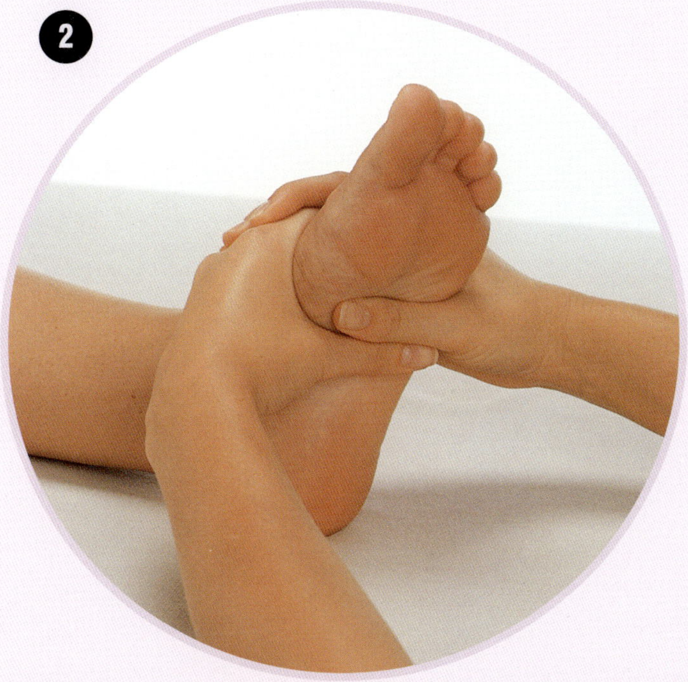

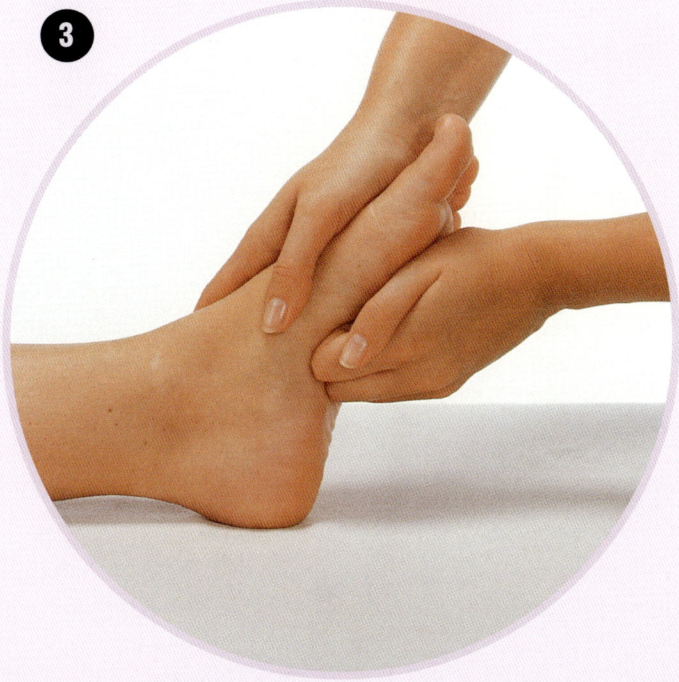

④ Öffnen Sie jetzt den Kammgriff und stützen Sie die Sohle in diese Handfläche – streichen Sie mehrere Male mit der anderen Hand fest von der Zehenwurzel bis zum Fußgelenk. ⑤ Legen Sie nun Ihre Hände an beide Seiten des Fußes, sodass Ihre Finger auf den Knöcheln liegen. Massieren Sie mit Ihren Fingerspitzen in winzigen Kreisen den Bereich um den Knöchel. Diese Berührung ist dann am angenehmsten, wenn Sie relativ kraftvoll und fest arbeiten. Der Knöchel ist ein stark beanspruchtes, komplexes Gelenk – schenken Sie ihm daher viel Aufmerksamkeit. ⑥ Gleiten Sie nun mit einer Hand unter die Ferse, um diese zu stützen, und mit der anderen etwa eine

4

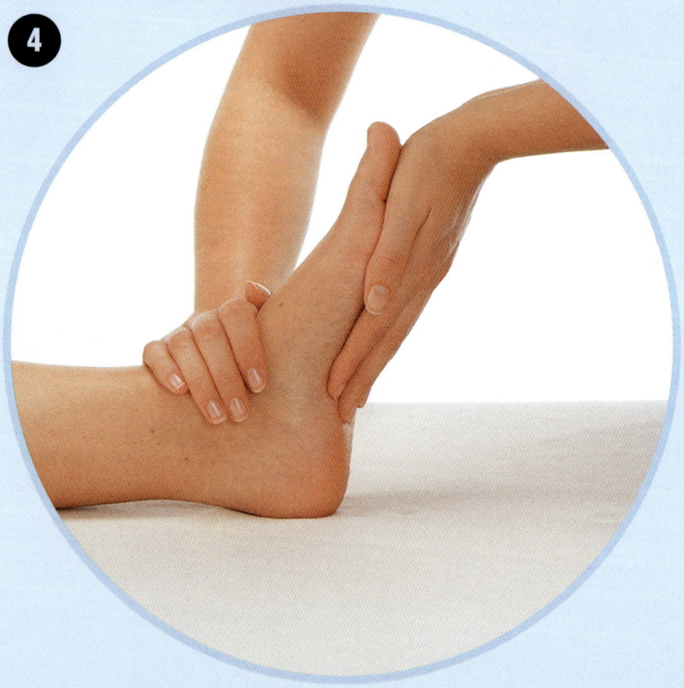

5

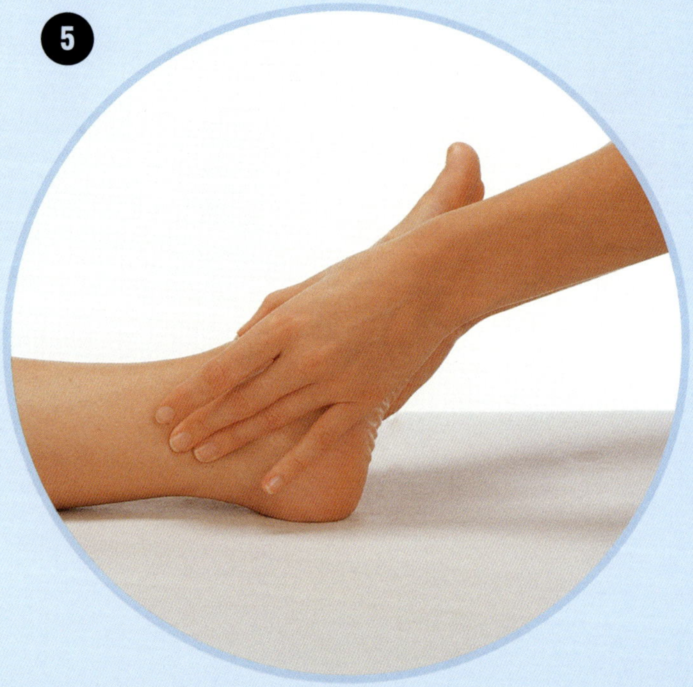

Handbreite darüber auf die Wade. Nehmen Sie die Achillessehne zwischen Daumen und Zeigefinger und streichen Sie sanft in Richtung Ferse. Wechseln Sie die Hände ab, sodass jeweils eine die Ferse stützt und die andere die Sehne hinunterstreicht. Wiederholen Sie dies öfter. ⑦ Stabilisieren Sie mit einer Hand den Fuß und massieren Sie mit der anderen Hand jede Zehe einzeln. Drücken Sie jede Zehe einzeln und ziehen Sie sanft daran, als würden Sie sie ausdehnen wollen. Danach wiederholen Sie Schritt ① und streichen beidhändig vom Knöchel zum Knie, um letztlich den Fuß zu umfassen und kurz zu halten. Dann decken Sie den Fuß zu und beginnen mit der Massage des anderen.

6

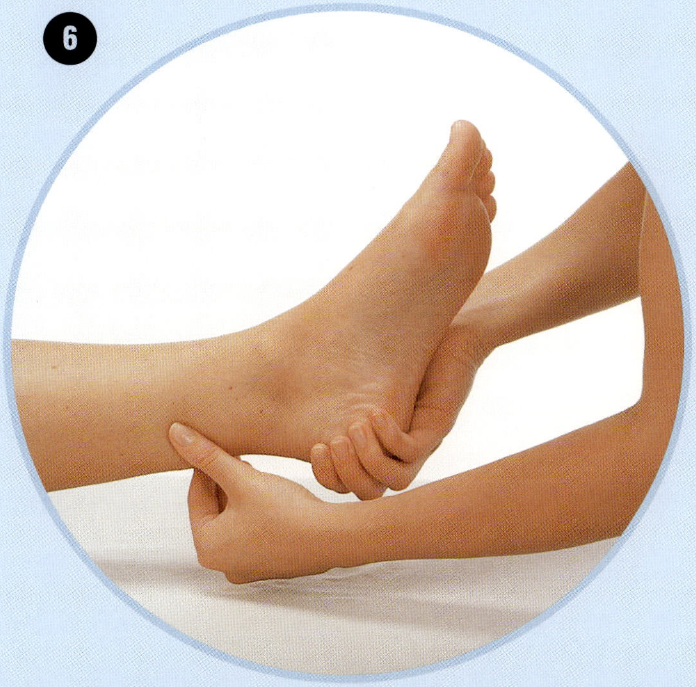

7

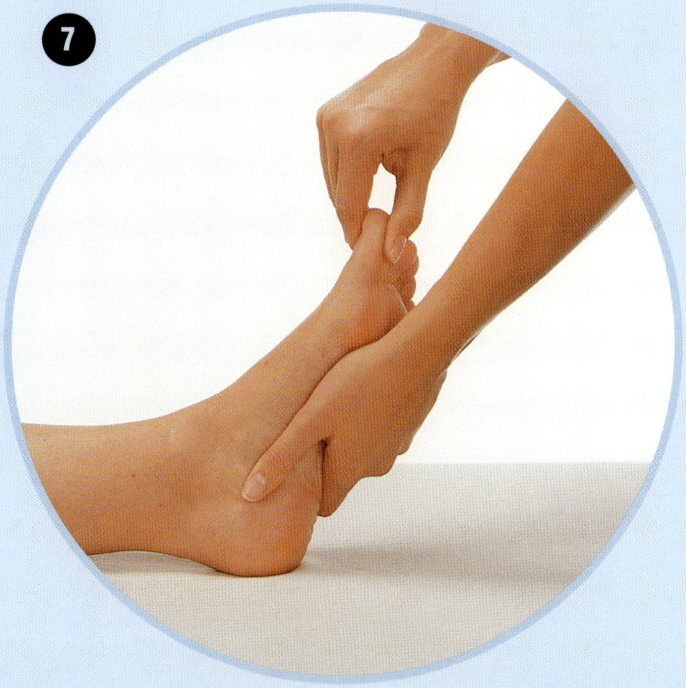

Bauch

7

Sie sollten diesen Ablauf in eine Ganzkörpermassage einbinden. Seien Sie besonders vorsichtig, wenn Sie den Bauch massieren, da er lebenswichtige Verdauungsorgane enthält, die durch keine Knochenstrukturen geschützt sind. Machen Sie den Bauch vom Brustbein bis zum Ansatz des Schambeins frei. Ölen Sie den Bereich sanft ein.

① Legen Sie die Hände leicht auf den Bauch, sodass Finger und Daumen einen »Tannenbaum« formen und der Nabel zwischen Ihren Daumen liegt. Streichen Sie mit den Händen sanft zum Brustbein und wieder retour. Wenn der Nabel wieder zwischen den Daumen erscheint, teilen Sie die Hände und gleiten mit den Fingern unter die Taille Ihres

1

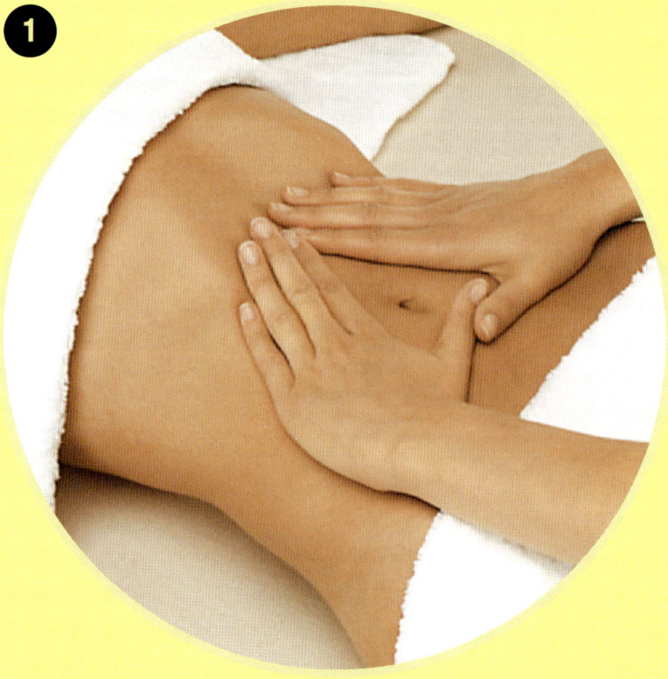

2

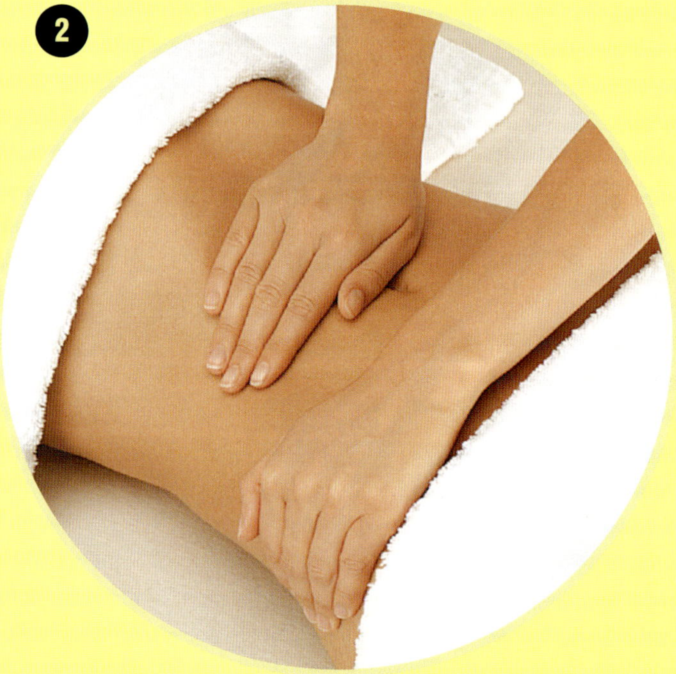

Partners. Heben Sie diese leicht hoch, streichen Sie mit den Händen wieder nach vorn und beginnen Sie von Neuem. Wiederholen Sie dies öfter. ②
Nun ziehen Sie die entgegengesetzte Hüfte Ihres Partners sanft abwechselnd mit den Händen hoch und wiederholen diese Zugbewegung Richtung Mitte entlang der Seite bis zum oberen Handtuchrand.
Wiederholen Sie den Griff auf der anderen Seite – dabei arbeiten Sie eher auf Druck als auf Zug. ③
Überkreuzen Sie die Hände und streichen Sie abwechselnd im Uhrzeigersinn um den Bauch. ④
Kreisen Sie mit übereinander liegenden Händen ohne Druck öfter um den Nabel. Dann lassen Sie die Hände sanft unter dem Nabel ruhen.

3

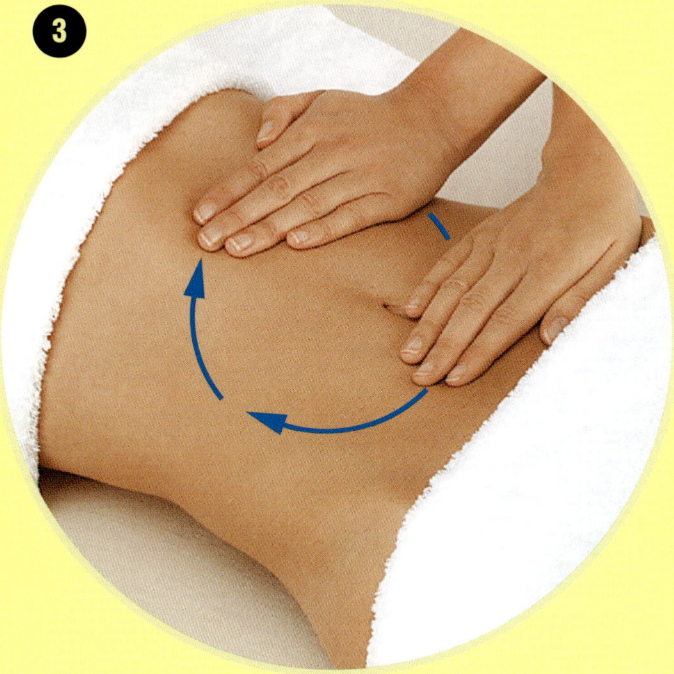

4

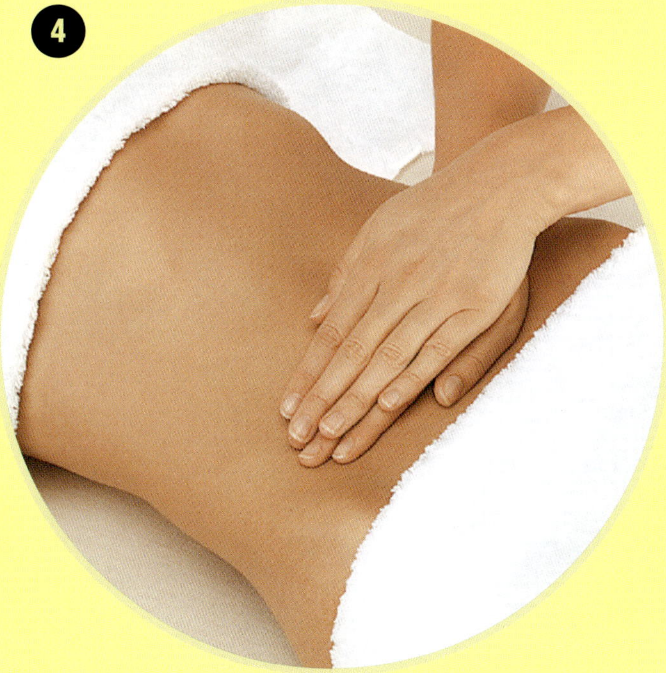

Arme und Hände

8
9
10
11

Normalerweise ist dieser Ablauf Teil einer Ganzkörpermassage. Alternativ dazu können Sie auch mit Schritt ④ beginnen, um eine Handmassage zu geben, die an sich schon eine äußerst beruhigende und entspannende Massage darstellt. Falls Sie diesen Ablauf in eine Ganzkörpermassage integrieren, bei der Ihr Partner mit Handtüchern zugedeckt ist, machen Sie einfach einen Arm frei. Falls Ihr Partner sitzt, stützen Sie seine Hand auf eine Armlehne und legen ein Handtuch darunter. Bitten Sie Ihren Partner, seinen Arm und die Hand völlig zu entspannen, und ölen Sie Hand, Arm und Schulter sanft ein. ① Nehmen Sie die rechte Hand Ihres Partners in Ihre eigene rechte Hand. Stützen Sie seine Hand mit Ihrer bequem ab und legen Sie die andere Hand auf sein Handgelenk, sodass der Außenrand dieser Hand zum Ellbogen zeigt. Streichen Sie nun mit dieser Hand den ganzen Arm aufwärts, um die Schulter herum und auf der Rückseite des Arms wieder leicht hinunter. Am Ende umschließen Sie seine Hand mit beiden Händen. Wiederholen Sie das Ganze mehrmals. ② Während Sie weiter die Hand Ihres Partners halten,

1

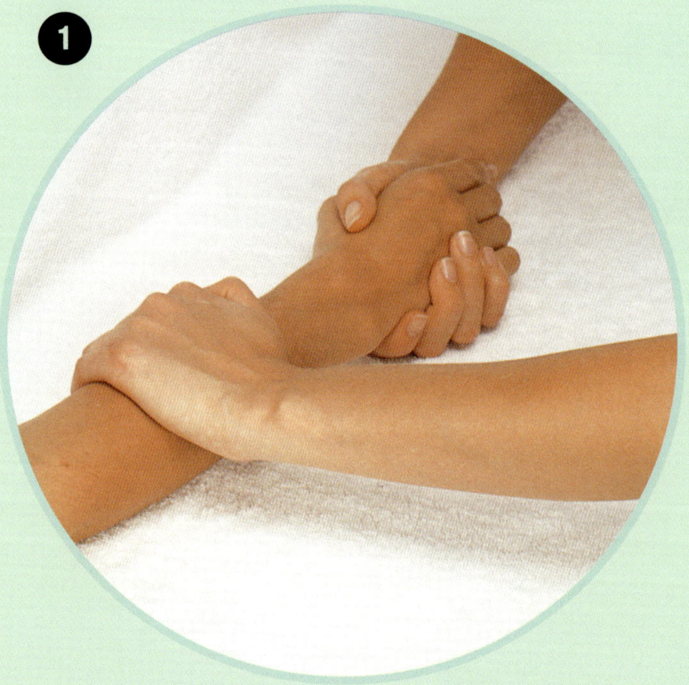

nehmen Sie mit der freien Hand sein Handgelenk zwischen Daumen und Finger. Streichen Sie kräftig zum Ellbogen und drücken Sie dabei den Unterarm sanft. Sobald Sie den Ellbogen erreichen, lassen Sie die Hand ohne Druck zum Handgelenk zurückgleiten. Wiederholen Sie das Ganze öfter und versetzen Sie dabei jedes Mal leicht Ihren Griff.

③ Lassen Sie die Hand Ihres Partners sanft los und gleiten Sie mit Ihrer Hand unter seinen Ellbogen, um diesen zu stabiliseren, wobei sein Unterarm parallel zu Ihrem liegen sollte. Mit der freien Hand arbeiten Sie sich knetend den Oberarm langsam aufwärts und kneten danach auch die Ober- und Hinterseite des Schultergelenks gut durch.

2

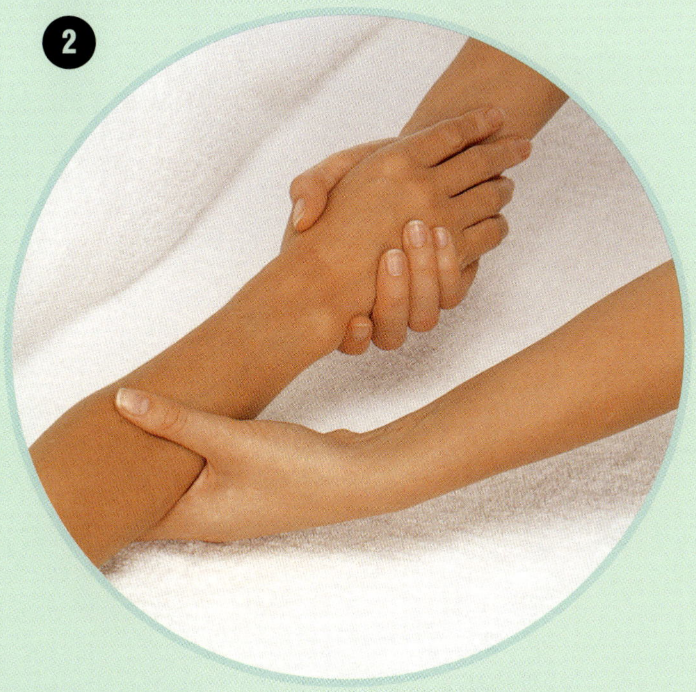

3

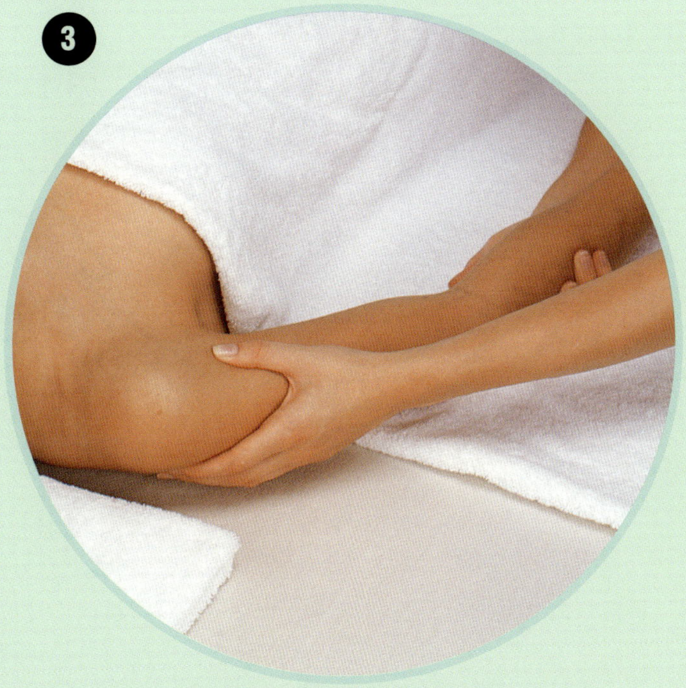

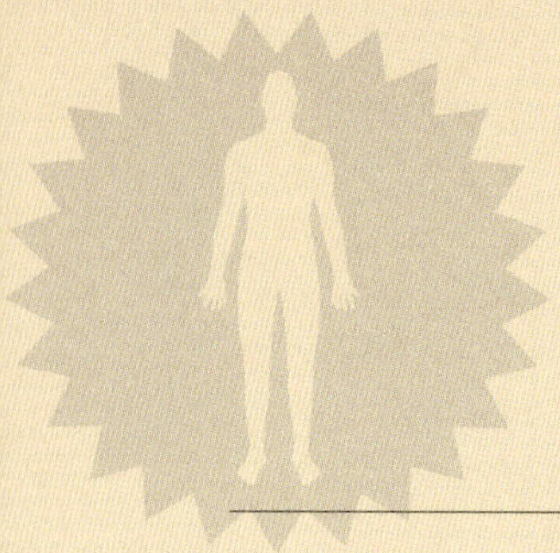

Falls Sie nur die Hände massieren wollen, beginnen Sie an dieser Stelle (mit eingeölten Händen). Halten Sie kurz die Hand Ihres Partners mit beiden Händen. ④ Verschränken Sie beide Hände unter seinem Handgelenk, lassen Sie Ihre Daumen kräftig an der Oberseite seines Handgelenks kreisen und erforschen Sie die Knochen des Handgelenks mit Ihren Daumen. Stützen Sie Ellbogen und Hand Ihres Partners, während Sie den Unterarm umdrehen und die Daumenfriktion auf der Innenseite des Handgelenks wiederholen. ⑤ Stützen Sie den Handrücken Ihres Partners mit einer Hand und kreisen Sie sanft mit dem Daumenballen der anderen Hand über seine Handfläche. Sie können sie

4

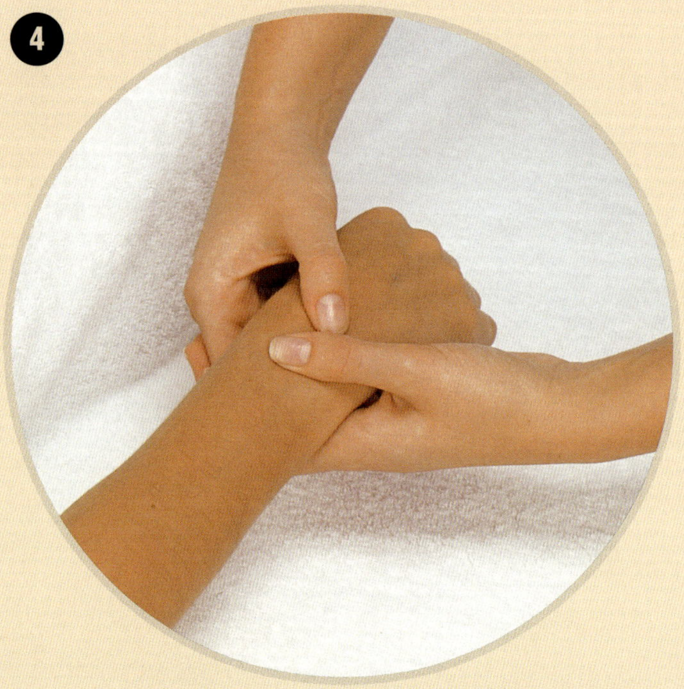

5

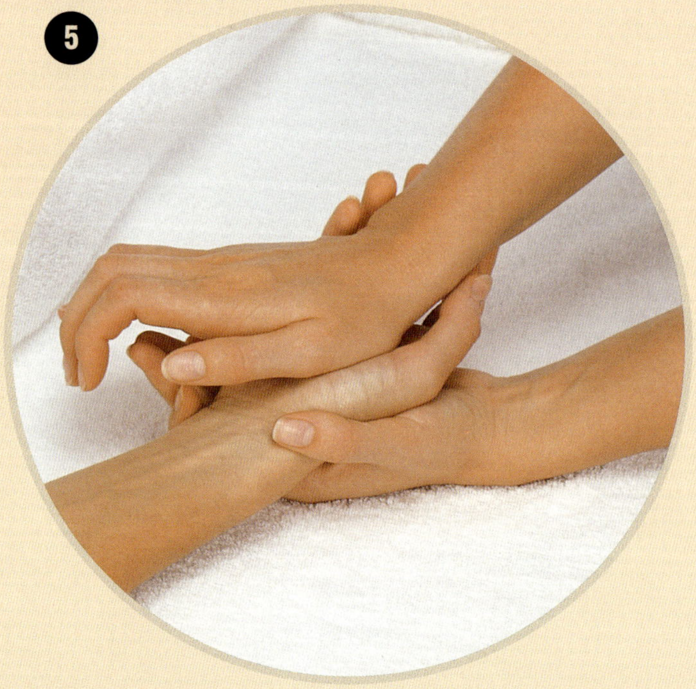

auch sanft im Kammgriff massieren. ⑥ Drehen Sie seine Hand um, sodass der Handrücken oben ist. Stützen Sie die Handfläche mit Ihren Fingern und streichen Sie mit Ihren Daumenkuppen entlang der Mittelhandknochen Richtung Handgelenk. Wechseln Sie dabei die Daumen ab. ⑦ Nun stützen Sie die Hand Ihres Partners mit einer Hand und massieren mit der freien Hand seinen Daumen und jeden Finger von der Wurzel bis zur Spitze. Dabei drücken Sie sanft die Finger entlang und ziehen dann leicht an den Fingerspitzen, als würden Sie die Finger dehnen wollen. Am Ende halten Sie die Hände Ihres Partners kurz in den Händen, bevor Sie die Massage am anderen Arm wiederholen.

6

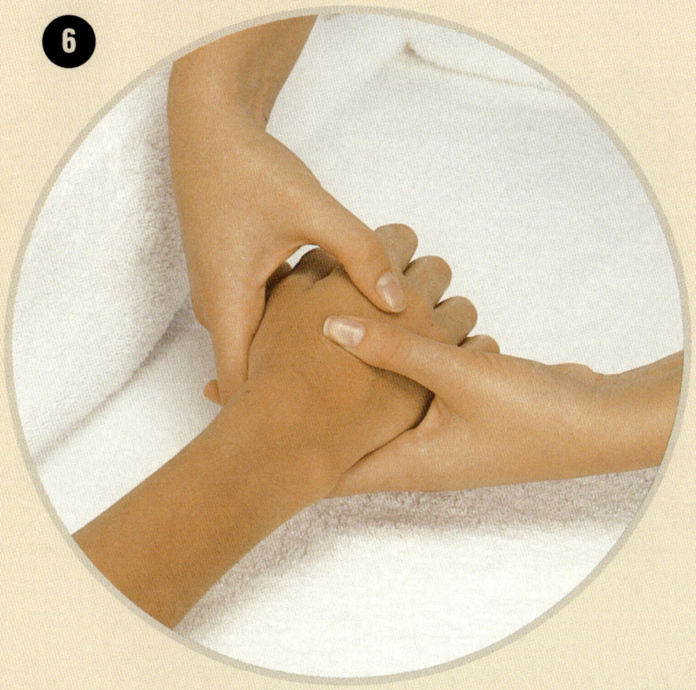

7

Schultern, Gesicht und Kopf

12

Diese Behandlung stellt für sich eine komplette Massage oder den krönenden Abschluss einer Ganzkörpermassage dar. Für die meisten ist es eine erstaunlich intime Erfahrung, im Gesicht berührt zu werden, daher sollte Ihre Berührung sehr sanft und respektvoll sein. Ihr Partner liegt dabei auf dem Rücken, Kniekehlen auf ein Kissen gestützt und mit Handtüchern zugedeckt. Hat Ihr Partner langes Haar, streichen Sie es ihm nach oben hin aus dem Nacken. Falten Sie das Körper-Handtuch bis zum Brustansatz und ölen Sie den Brustbereich und die Schultern sanft ein. ① Stellen Sie sich an das Kopfende Ihres Partners. Legen Sie beide Hände nebeneinander auf den oberen Brustbereich. Streichen Sie mit Ihren Hände nach außen um die Schultern herum, bis sich die Hände unter dem Nacken treffen. Erscheint dies anfangs zu schwierig, drücken Sie, wenn Ihre Hände unter die Rückseite der Schultern streichen, den Handrücken fest auf das Handtuch, auf dem Ihr Partner liegt. Das hilft Ihren Händen unter die Schultern zu gelangen. Auch wenn Sie sich dabei unbeholfen fühlen, ist es für Ihren Partner meist angenehm.

1

Wiederholen Sie das Ganze mehrmals. ② Streichen Sie im Kammgriff über den oberen Brustbereich. Setzen Sie Ihre Knöchel am Schlüsselbein nur sehr sanft ein. Im Schulter- und Nackenbereich können Sie kräftiger massieren. Wiederholen Sie Schritt ① und streichen Sie über den ganzen Bereich. Ölen Sie nun Gesicht und Hals sanft ein, doch berühren Sie die Kehle dabei nur sehr leicht. ③ Streichen Sie nun abwechselnd mit flachen Fingern vom Schlüsselbein zum Kieferknochen. Beginnen Sie an der linken Halsseite und arbeiten Sie sich nach rechts vor. Bei der Massage des Gesichts sollten Ihre Hände sehr locker, doch nicht tastend sein. Ihre Berührung sollte sanft und bestimmt sein

2

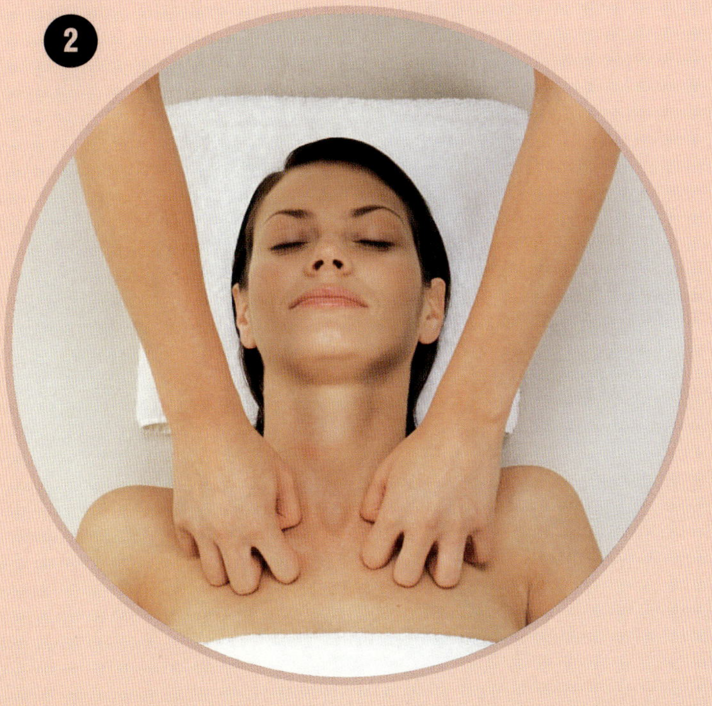

3

– arbeiten Sie in ruhigem Tempo. Es kann für Ihren Partner äußerst entspannend sein, wenn das Gesicht, das er der Welt zeigt, in dieser Form berührt wird. ④ Umfassen Sie zuerst das Kinn Ihres Partners mit einer Hand und streichen Sie mit dieser dann sanft seitwärts über das Gesicht. Währenddessen umfassen Sie das Kinn mit der anderen Hand und streichen mit dieser über die andere Gesichtshälfte. Wechseln Sie die Hände mehrmals ab. Ihre Hände bleiben dabei immer sanft und entspannt. ⑤ Nun lehnen Sie sich leicht nach rechts und streichen mit abwechselnden Händen mehrere Male die rechte Gesichtshälfte Ihres Partners hoch. Lehnen Sie sich nun nach links und strei-

4

5

chen Sie abwechselnd mit den Händen die linke Gesichtshälfte Ihres Partners hoch. ⑥ Streichen Sie nun mit Ihren Fingerkuppen von der Wurzel bis zur Spitze die Nase Ihres Partners hinauf. Wiederholen Sie dies abwechselnd mit beiden Händen mehrere Male. ⑦ Legen Sie nun eine Hand quer über die Stirn Ihres Partners, sodass Ihre Finger zur Schläfe weisen. Streichen Sie von einer Seite zur anderen über die Stirn – sobald eine Hand fast fertig ist, legen Sie schon die andere Hand auf die Stirn und streichen damit in die andere Richtung. Wiederholen Sie dies mehrmals und stellen Sie sich dabei vor, dass Sie alle Verspannungen und Sorgen aus Ihrem Partner herausstreichen.

6

7

⑧ Legen Sie die Fingerspitzen an die Schläfen Ihres Partners und die Daumen auf die Stirnmitte knapp über die Augenbrauen. Stützen Sie sich sachte auf Ihre Daumen und halten Sie den Druck einige Sekunden. Dann lösen Sie den Druck und bewegen die Daumen etwas auseinander und stützen sich wieder sanft darauf. Bewegen Sie die Daumen entlang einer imaginären Linie knapp über den Brauen nach außen. Danach legen Sie die Daumen wieder in die Mitte, diesmal auf mittlere Stirnhöhe. Wie zuvor drücken Sie leicht die Daumen in die Stirn. Dann wiederholen Sie die gleiche Abfolge knapp unter dem Haaransatz. ⑨ Während die Finger an den Schläfen Ihres Partners

8

9

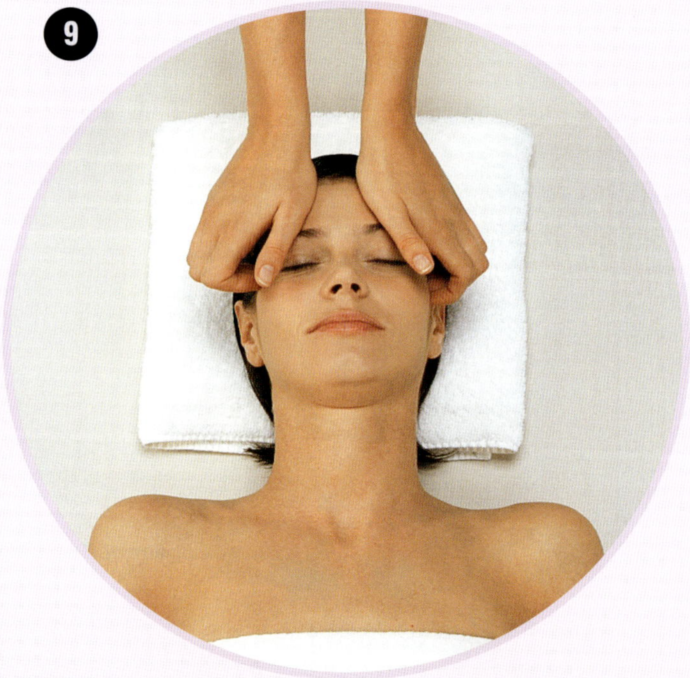

bleiben, senken Sie den Daumenballen zur Stirnmitte. Streichen Sie mit diesen nach außen Richtung Schläfe. Nun strecken Sie die Finger, umfassen damit das Kinn Ihres Partners und ziehen diese wieder nach oben neben sein Gesicht. Streichen Sie mit den Daumenballen zurück zur Stirnmitte und wiederholen Sie die Abfolge öfter – es ist eine wirklich beruhigende Berührung, fast wie Wiegen. ⑩ Massieren Sie nun mit gespreizten Fingern die Kopfhaut Ihres Partners mit kleinen Kreisen. Bewegen Sie dabei die Kopfhaut und nicht die Haare Ihres Partners. ⑪ Legen Sie zum Abschluss Ihrem Partner die Hände auf: eine auf seinen Brustkorb und die andere auf seinen Scheitel.

10

11

KAPITEL 4: Einfache Varianten

Die Techniken und Abfolgen, die Sie bislang gelernt haben, erlauben Ihnen, gute und einfache Massagen zu geben, die für die meisten Leute geeignet sind. In diesem Kapitel zeige ich Ihnen, wie Sie Ihre Massagekenntnisse an spezielle Situationen anpassen und ausweiten können. Wenn Sie eine Schwangere, einen älteren Menschen oder jemanden, der für einen Marathon trainiert, massieren, werden sich deren Bedürfnisse stark unterscheiden.

Sie können die Bedürfnisse Ihrer Massagepartner aus verschiedenen Blickwinkeln einschätzen. Erstens müssen Sie beim Massieren die körperlichen Gegebenheiten bedenken und den Gesundheitszustand berücksichtigen. Zweitens müssen Sie sich in die Person einfühlen und diese respektieren: Überlegen Sie, wen Sie vor sich haben und wie sich dieser Mensch fühlen könnte – etwa in einem alten Körper zu leben, schwanger oder rekonvaleszent zu sein. Je mehr Sie Ihre Massagefertigkeiten üben und sich in die Bedürfnisse einfühlen können, desto mehr Selbstbewusstsein werden Sie entwickeln, eine auf spezifische Bedürfnisse zugeschnittene Behandlung zu geben.

Massage von Schwangeren

Die Schwangerschaft ist im Leben einer Frau eine außergewöhnliche Zeit. Ihr Körper verändert sich Woche für Woche und stellt ein komplexes Lebenserhaltungssystem für ein winziges Wesen bereit. Allgemein lässt sich die Schwangerschaft in drei Hauptphasen (Trimester) einteilen, von denen jede etwa drei Monate dauert. Massage kann während der ganzen Schwangerschaft eine wunderbare unterstützende und therapeutische Behandlung darstellen. Es ist jedoch wichtig, auf Sicherheit zu achten. Gehen Sie sicher, dass die werdende Mutter mit ihrer Hebamme zuvor über die Massage Rücksprache hält. Arbeiten Sie sehr sanft und wenden Sie nur weiche, fließende Massagegriffe an.

Während des ersten Trimesters reagiert der Körper der werdenden Mutter viel unberechenbarer als zuvor – manchmal ist ihr übel, dann wieder nicht, manchmal ist sie erschöpft und dann wieder in Ordnung – ein Zeichen, dass in dieser Zeit die Schwangerschaft noch nicht gänzlich stabil ist. Das zweite Trimester ist meist eine Zeit allgemeinen Wohlgefühls – die schwangere Frau hat viel Kraft für das alltäglich Leben, eine strahlende Haut und zunehmend Vertrauen in die Schwangerschaft. Im dritten Trimester beginnt sie sich körperlich etwas schwerfällig zu fühlen, da das Baby beträchtlich wächst. Dieses Stadium belastet den Körper der Mutter am meisten. Da ihre Wirbelsäule durch das Gewicht des Kindes nach vorne gezogen wird, könnte sie unter Rückenschmerzen und durch einen beeinträchtigten Kreislauf an geschwollenen Knöcheln leiden oder trockene Haut bekommen.

Im ersten Trimester sollten Sie nur sehr sanft massieren. Vermeiden Sie den Bauchbereich und berühren Sie den unteren Rücken nur ganz behutsam und leicht. Verwenden Sie in diesem Stadium auch keine ätherischen Öle.

Während des zweiten und dritten Trimesters, wenn das Baby wächst, fällt es der werdenden Mutter immer schwerer, auf dem Bauch zu liegen. Sie sollte auch nicht zu lange flach am Rücken liegen, da dies bald unangenehm sein könnte. Man könnte sie von der Seite massieren, es ist jedoch einfacher, sie im Sitzen zu behandeln. Auch wenn keine Ganzkörpermassage möglich ist, können Sie, um sie zu entspannen und zu revitalisieren, viele verschiedene Körperregionen massieren (Gesicht, Rücken und Schultern, Hände, Arme, Beine und Füße).

Das Geheimnis der Massage in dieser Zeit liegt in der Anzahl der Kissen. Für eine Rückenmassage könnte sich die Frau auf einen Hocker vor einen Tisch setzen, auf dem drei Kissen übereinander liegen. Bitten Sie sie, Kopf und Arme auf die Kissen zu legen, und nehmen Sie sich genug Zeit, um es ihr wirklich bequem zu machen. Für die Massage von anderen Körperregionen kann sie sich auf einen Stuhl, Massagetisch oder Futon setzen – sie sollte nur nicht ganz flach liegen. Stützen Sie sie mit vielen Kissen ab, damit sie es wirklich bequem hat.

Im zweiten und dritten Trimester können Sie bestimmte ätherische Öle anwenden, andere sind jedoch verboten. Fragen Sie auf jeden Fall, bevor Sie eine schwangere Frau massieren wollen, einen professionellen Aromatherapeuten um Rat.

Massage von Babys

Bevor ein Baby geboren wird, lebt es an einem gänzlich sicheren und warmen Ort, wo seine Bedürfnisse ungefragt erfüllt werden und sein Körper ständig gewiegt wird. Es ist kaum vorstellbar, wie stark der Wechsel nach der Geburt für das Kind sein muss, auch wenn die Geburt an sich gut verlaufen ist. Falls es eine schwierige Geburt war, dann kann sein Cortisolniveau (Stresshormone) hundert Mal höher sein als das eines erwachsenen Mannes, der gerade einen Herzanfall erleidet.

Berührung lindert den Stress eines Neugeborenen besser als alles andere. Es beruhigt das Baby, wenn es sofort nach der Geburt gehalten und gestillt wird. Des Weiteren ist das Massieren von den ersten Stunden an eine liebevolle und wirksame Art, um dem Baby zu helfen, sich zu entspannen.

Wenn Sie ein Baby massieren wollen, muss der Raum sehr warm sein, da es nackt sein sollte. Setzen Sie sich irgendwo auf den Boden, wo Sie den Rücken anlehnen können, und strecken Sie die Beine vor sich aus. Breiten Sie ein dickes Handtuch über Ihre Beine und legen Sie Ihr Baby mit den Füßen zu Ihnen darauf. Verwenden Sie hochwertiges Sonnenblumen- oder Olivenöl. Wenn Sie beginnen, sorgen Sie sich nicht, wenn das Baby anfangs weint – es wird bald ein tiefes Vergnügen daran finden. Beachten Sie eines: Massieren Sie kein Baby, das einen vollen Bauch hat.

Wichtiger als die Massagetechniken, die Sie anwenden, ist die Aufmerksamkeit, mit der Sie Ihr ganzes Selbst auf Ihr Baby richten: Sprechen Sie mit Ihren Augen, Ihrem Lächeln und Ihren Händen und lassen Sie die Erfahrung direkt aus Ihrem Herzen fließen. Sie werden sehen, wie sich Ihre Hände an diesen winzigen Körper anpassen können. Eventuell fühlen Sie sich anfangs unbeholfen, machen Sie jedoch weiter. Wenden Sie einfache langsame und sanfte Streichbewegungen an.

Falls Sie sich doch an einem Baby-Massageablauf orientieren möchten, probieren Sie Folgendes: Legen Sie die Finger beider Hände auf seine kleine Brust und streichen Sie mit diesen sanft seitwärts, gleiten Sie mit den Fingern die Seiten seines Brustkorbs hinab und wieder zurück zur Mitte. Streichen Sie dann abwechselnd mit einer Hand von seiner Hüfte diagonal über seinen Körper zur gegenüberliegenden Schulter. Sobald sie die Schulter erreichen, beginnen Sie mit der anderen Hand von der anderen Hüfte. Lassen Sie die Finger über eine Schulter gleiten und umfassen Sie sanft seinen Arm. »Melken« Sie diesen behutsam Richtung Hand. Tun Sie das Gleiche mit der anderen Hand und wiederholen Sie dies mehrmals. Danach stützen Sie das Handgelenk des Babys und massieren mit den Daumen seine Handflächen. Massieren Sie jeden Finger. »Melken« Sie die kleinen Beine wie zuvor die Arme. Massieren Sie seine Knöchel und mit den Daumen seine Sohlen.

Dann legen Sie es quer über Ihre Beine auf den Bauch. Legen Sie eine Hand auf seinen Po und streichen Sie ab und zu ruhig über seinen Rücken. Entspannen Sie sich darin, alles diesem kleinen Wesen zu geben. Vertrauen Sie sich selbst darin, zu lernen, wie Sie ihr Baby berühren sollen.

Massage von Senioren

Massage bietet für ältere Menschen viele spezielle Vorteile. Regelmäßige Behandlungen können leichte Erkrankungen und Schmerzen mindern, fördern die Beweglichkeit der Gelenke, regen den Kreislauf an, lockern chronische Verspannungen und stärken das Immunsystem.

Denken Sie daran, dass viele ältere Menschen in Familien gelebt haben und nun meist alleine leben. Berührung war wahrscheinlich lange Zeit ein natürlicher Bestandteil ihres Lebens, doch die Partner sind verstorben und die Kinder weggezogen. Die liebevolle Berührung und körperliche Kommunikation, die sie während des Massierens erfahren, kann ältere Menschen oft aufrichten, besonders wenn sie unter Einsamkeit leiden. In einigen Fällen könnten Sie der einzige Mensch sein, der sie zart und innig berührt. Es ist immer ein Privileg, eine Massage zu geben – wenn der Körper, den Sie massieren, alt ist, massieren Sie ihn mit Respekt für die Lebenszeit, die in ihm verbracht wurde.

Bevor Sie mit der Massage beginnen, kontrollieren Sie wie immer, ob keine der Kontraindikationen zutrifft. Sollte es irgendwelche gesundheitliche Zweifel in Bezug auf die Massage geben, bitten Sie die Person, mit ihrem Arzt zu besprechen, ob eine Massage zu empfehlen ist. Ist die Person, die Sie massieren wollen, dünn, dann sollte der Massageraum besonders warm sein. Halten Sie viele Handtücher und eine leichte Decke bereit: Dünnen Menschen wird allgemein rasch kalt beim Massieren.

Manche ältere Menschen haben kein Problem mit einer Ganzkörpermassage und mit dem Entkleiden. Doch viele ältere Leute haben ein Problem damit und daher konzentriert sich die Massage für Senioren oft auf einzelne Bereiche, wie Hände und Füße, Nacken und Schultern oder das Gesicht. Auch dies hat seinen Nutzen. Falls ein älterer Mensch doch eine Ganzkörpermassage will, nehmen Sie beim Wechseln besondere Rücksicht auf seine Intimsphäre und helfen Sie ihm, falls nötig, beim Hinlegen auf den Tisch oder Boden. Er könnte unbeweglicher sein, als er früher war, und an Arthrose leiden. Stützen Sie seinen Kopf und Knie auf Kissen und machen Sie es ihm bequem.

Falls er nur eine Rückenmassage will, setzen Sie ihn auf einen Hocker vor einem Tisch mit drei übereinander gestapelten Kissen. Er kann sich nach vorne lehnen und dort Kopf und Arme auflegen. Nehmen Sie sich Zeit und achten Sie darauf, dass er es wirklich bequem hat.

Ältere Haut ist dünner, trockener und fragiler. Verwenden Sie daher ein fettes, weichmachendes Massageöl, das die Haut nährt (siehe Kapitel 6, Einfache Massageöle). Die Zugabe von ätherischen Ölen (siehe S. 138–139) erhöht den Genuss, aber halten Sie sich strikt an die vorgeschriebene 1%ige Verdünnung (1 Tropfen Aromaöl auf 5ml Trägeröl, siehe S. 127–129). Im Allgemeinen sind das Streichen und etwas Kneten die besten Techniken für ältere Menschen. Fragen Sie zeitweilig nach, ob der Druck angenehm ist. Streichen Sie nur federleicht über Krampfadern. Am Ende der Massage helfen Sie der Person ohne Eile auf und bieten ihr ein Glas Wasser oder eine Tasse Tee an.

Massage nach dem Training

Ein Muskel tut zweierlei: Er zieht sich zusammen (Kontraktion) und er entspannt sich (Relaxation). Die Bewegung unserer Knochen wird durch die Kontraktion der Skelettmuskeln erreicht. Diese Muskeln arbeiten in Paaren: Jeweils einer, der so genannte Agonist, zieht sich zusammen, um die Bewegung durchzuführen, während der andere, der Antagonist (Gegenspieler), sich dehnt, um sich an die Bewegung anzupassen. Um die Bewegung zu stoppen oder zu kontrollieren, zieht sich wiederum der Antagonist zusammen, was den Agonist zurück in einen entspannten, gestreckten Zustand zieht. Dieses reziproke Zusammenspiel der zwei Muskeln wird vom Gehirn koordiniert. Stellen Sie sich vor, wie viele Muskelpaare unbewusst arbeiten, wenn Sie laufen, Sport treiben oder einfach gehen.

Nach ausgiebiger körperlicher Anstrengung sind die Muskeln aufgrund der Muskeltätigkeit voll von Stoffwechselnebenprodukten. Die Muskeln brauchen, um die zur Kontraktion nötige Energie zu erzeugen, Glukose und Sauerstoff. Wenn Sie zum Beispiel zu laufen beginnen, reagiert der Körper auf die Muskelaktivität mit der Steigerung der Herz- und Atemfrequenz und der Freisetzung von Glukose in das Blut. Bei dieser Muskelarbeit entstehen Nebenprodukte. Konstante Muskelkontraktion drückt die Blut- und Lymphgefäße im Muskel immer wieder zusammen, pumpt so die reinigenden Flüssigkeiten hindurch und kurbelt den Fluss zum Herzen und zu den Lymphknoten an.

Intensives Training bedeutet, dass die Stoffwechselschlacken im Muskel angestaut werden, da die Ausscheidungsprozesse nicht Schritt halten konnten. Richtiges Abkühlen (Cool-down) kann helfen: Die Dehnung des Körper lässt Blut und Lymphe weiter durch die Muskeln fließen und so den Reinigungsprozess fortsetzen. Massage ist eine weitere wirkungsvolle Methode, um dem Körper zu helfen, Abfallstoffe aus den Muskeln zu befördern.

Im Idealfall sollten Sie die Massage nach dem Training oder zumindest am gleichen Tag geben. Ziel ist, den Blut- und Lymphkreislauf anzuregen.

Nehmen wir an, Sie massieren jemanden, der für einen Marathon trainiert. Dabei werden Sie hauptsächlich Beine und Gesäß massieren. Nach dem Training wärmen Sie diese Region zuerst mit Streichen auf, dann beginnen Sie sie zu kneten – das mobilisiert das Gewebe und regt den Kreislauf an. Sie können das Kneten noch etwas fortsetzen und werden bemerken, dass das Gewebe geschmeidiger wird. Falls die Muskeln nicht zu mürbe sind, arbeiten Sie tiefergehend mit dem Kammgriff weiter und fragen Sie nach, ob der Druck für Ihren Partner auch angenehm ist. Streichen Sie dann mit den Knöcheln in festen Strichen in Richtung der Muskelfasern (siehe Abbildung S. 19) – arbeiten Sie dabei generell zum Herzen hin. Damit helfen Sie, Blut und Lymphe durch die Muskeln zu pumpen und die Schlacken auszuscheiden.

Vorsicht: Manchmal dienen verhärtete Muskeln als Schutz für eine Schwachstelle oder eine Verletzung. Falls Ihr Partner vermutet, dass dies bei ihm der Fall sein könnte, verweisen Sie ihn auf einen Spezialisten für Sportverletzungen.

Massage bei Rekonvaleszenz

Massage kann jemandem in einer Zeit der Rekonvaleszenz wirklichen Auftrieb geben, da es dem Körper hilft, die optimalen Bedingungen für seine Selbstheilungsmechanismen zu schaffen. Entspannende, beruhigende Massagegriffe lindern Verspannungen und regen sanft den Kreislauf an.

Generell sollten Sie jedoch niemanden massieren, der an einer Infektion leidet, da sein Körper die Krankheit bekämpft und er wahrscheinlich gar nicht massiert werden will. Außerdem sollte man als Masseur keine Ansteckung riskieren. Eine Ausnahme stellt eine langfristige Infektion dar, die nicht mittels Massage übertragbar ist. So ist es normalerweise kein Problem, mit HIV/AIDS infizierte Personen zu massieren – in diesem Fall kann die Behandlung deren Immunsystem sogar stärken.

Wenn sich jemand von einer schweren Erkrankung erholt, fragen Sie immer zuerst seinen Arzt, ob er eine Massage für günstig hält. Falls jemand sehr gebrechlich ist, kann man ihm meist zumindest eine Hand- oder Fußmassage geben, und allein diese kann schon den Heilprozess fördern. Falls eine Person wegen Krankheit Wochen im Bett ausharren muss, stellt Massage eine gute Prophylaxe gegen Wundliegen dar. Suchen Sie ärztlichen Rat hinsichtlich wo, wie oft und wie Sie den Patienten am besten massieren, um seine Haut intakt zu halten. Eine bettlägrige Person könnte auch unter steifen Gelenken und Muskelschwund leiden – Massage kann die Gelenkigkeit fördern und eine gute Zirkulation in den Extremitäten aufrechterhalten.

Sollten Sie jemanden massieren, der kurz davor operiert wurde, massieren Sie auf keinen Fall frisches Narbengewebe. In den ersten Wochen nach der Operation können Sie ihn zwar am restlichen Körper, doch nur sehr sanft massieren. Überwachen Sie jedoch, wie sich der Patient danach fühlt. Massage kann seinen Schlaf und seine Entspannung fördern, was die Genesung beschleunigt.

Falls jemand wegen eines Knochenbruchs einen Gips trägt, so kurbelt die Massage der zugänglichen Teile eines Glieds dennoch die Zirkulation in der ganzen Region an. Wird der Gips entfernt wird, so ist dort immer mit Muskelschwund zu rechnen. Manchmal erschrecken die Betroffenen, wie trocken die Haut dort ist, die oft in Schuppen abfällt. Behutsames Waschen und Trocknen der Stelle entfernt einen Teil der toten Hautzellen. Danach unterstützt eine sanfte Massage die Zirkulation und die Regeneration der Haut. Im Idealfall sollte dies zwei Wochen lang täglich wiederholt werden.

Der Einsatz von ätherischen Ölen kann zusätzlich die Genesung fördern. Sollte die Person älter oder gebrechlich sein oder Medikamente nehmen, halten Sie sich an eine 1%ige Verdünnung (1 Tropfen Aromaöl auf 5 ml Trägeröl) und fragen Sie zur Wahl der Öle unbedingt einen Aromatherapeuten.

Letztlich kann Massage eine ausgezeichnete Begleitung eines sterbenden Menschen darstellen. Sanfte Massage der Hände und Füße kann entspannend und lindernd wirken und Sie können es als Privileg empfinden, den Sterbenden für den nächsten Teil seiner Reise zu salben.

Empfindliche Haut massieren

Wir vergessen oft, dass die Haut ein Organ unseres Körpers darstellt. Sie ist sogar das größte Organ, das wir besitzen, und für unser Wohlbefinden lebenswichtig, denn sie erfüllt einige Schlüsselfunktionen. Erstens ist sie großteils undurchdringlich und hält somit Wasser, Bakterien und andere Mikroorganismen ab. Zweitens übernimmt sie zum Teil die Wärmeregulation: Wenn uns heiß ist, sondern wir Schweiß durch unsere Poren ab, um abzukühlen; wenn uns kalt ist, stellen sich feine Körperhäarchen auf, um unsere Körperwärme zu konservieren. Beim Schwitzen werden auch Abfallprodukte ausgeschieden – diese verlassen den Körper nicht nur über die Ausscheidungsorgane, sondern auch über die Haut (und den Atem). Schließlich sind in die Haut Nervenenden eingebettet, die uns Reize unserer Umgebung, wie Hitze, Kälte, Berührung, Druck und Schmerz, übermitteln.

Die Haut reguliert normalerweise ihre Feuchtigkeit, heilt von selbst und ist elastisch und beweglich. Trockene Haut ist dünner und weniger elastisch. Empfindliche Haut reagiert mit Rötungen und Juckreiz stark auf äußere Irritationen, wie Waschpulver, Kosmetik und manche Textilien. Dies kann durch interne Faktoren wie etwa Stress verschlimmert werden und Ekzeme auslösen.

Wenn Sie trockene Haut massieren, vermeiden Sie Techniken, die exzessive Dehnung oder Friktion (Reibung) einbinden. Streichen und Kneten, sanfter als sonst angewandt, sind kein Problem. Verwenden Sie ein reichhaltiges, nährendes Öl, das die Haut gut einfettet und geschmeidig macht. Wenn

Sie empfindliche Haut massieren, verwenden Sie am besten reine, qualitative Pflanzenöle: Diese verursachen am wenigsten Reizungen. In Kapitel 6 (Einfache Massageöle) finden Sie Vorschläge für Öle, die besonders gut für sensible Haut sind. Sie sollten ätherische Öle nur mit Vorsicht bei empfindlicher Haut anwenden und sich an eine 1%ige Verdünnung (1 Tropen auf 5 ml Trägeröl) halten. Manche ätherischen Öle überreizen empfindliche Haut, befragen Sie daher einen Aromatherapeuten zur Wahl der Öle, bevor Sie sie anwenden.

Bei anderen Hautproblemen kann mit Berücksichtigung auf die exakte Art der Hauterkrankung Massage sinnvoll sein. Falls eine Person unter der sehr ansteckende Hautkrankheit Impetigo leidet, sollten Sie sie nicht massieren, um jegliche Ansteckungsgefahr zu vermeiden. Es gibt Hautkrankheiten, die weniger ansteckend sind und bei denen Sie normalerweise den restlichen Körper massieren können. Dazu gehören Fieberblasen, Warzen, Flechtengrind, Fußpilz und Krätze. Waschen Sie Hände und Handtücher jedoch danach gründlich.

Leidet eine Person unter nicht ansteckenden Hautkrankheiten, wie Ekzemen, Dermatitis, Schuppenflechte, Akne oder Vitiligo, können Sie sie massieren. Die Person könnte deswegen jedoch etwas gehemmt sein. Seien Sie sachlich und sagen Sie, dass Sie immer wieder rückfragen werden, ob die Massage angenehm ist. Erklären Sie, dass Sie ein Öl für sensitive Haut verwenden werden. Ist die Haut sehr angegriffen (doch nicht offen), wenden Sie nur Streichen und sonst nichts an.

KAPITEL 5: Einfache Selbstmassage

Das Erlernen und Anwenden Ihrer Massagekenntnisse sind äußerst angenehme Prozesse – sowohl für Sie selbst als auch für die Empfangenden. Sobald Sie Ihre Fähigkeiten in der Anwendung verschiedener Techniken und der Förderung der Entspannung und Gesundheit Ihrer Massagepartner entwickelt und verfeinert haben, wartet ein Bonus auf Sie: Sie können Ihre Fertigkeiten auch zur Selbstmassage einsetzen und so Ihr eigenes Wohlbefinden steigern. Und wie wir zuvor schon angesprochen haben, ist der liebevolle Umgang mit sich selbst ein Grunderfordernis für jeden, der andere massiert.

Dieses Kapitel erklärt Ihnen einige kurze, wirksame Selbstmassagen. Einige davon können Sie dazu anwenden, Ihre Verfassung zu verbessern: Falls Sie wissen, dass Sie bei Stress zu Kopfschmerzen neigen, probieren Sie zum Beispiel die Behandlung auf Seite 104–105 als vorbeugende Maßnahme. Andere Selbstmassagen helfen Ihnen wiederum, die schmerzhaften Symptome einiger verbreiteter Beschwerden zu lindern.

Kopfschmerzen

Kopfschmerzen werden oft durch chronische Verspannungen im Nacken, Kiefer- und Augenbereich ausgelöst. Wenn wir unter Druck stehen, spannen wir dort, ohne es zu merken, die Muskulatur an. Nehmen Sie sich regelmäßig einige Minuten Zeit, um diese Bereiche zu entspannen – so können Sie Kopfschmerzen lindern oder sogar ganz vermeiden.

TIPP: **Falls Sie unter Druck stehen, zahlt es sich aus, sich ein paar Minuten Zeit zu nehmen, um sich diese Massage zu gönnen, bevor Sie Kopfschmerzen bekommen – falls nötig mehrmals am Tag. Falls Sie dies verlässlich tun, ist es sehr wahrscheinlich, dass Sie nie wieder Kopfschmerzen bekommen.**

1. **Atmen Sie langsam und tief und lockern Sie beim Ausatmen bewusst den angespannten Kiefer. Legen Sie die Fingerspitzen hinter die Ohren und berühren Sie damit den Rand Ihres Schädels. Kreisen Sie mit festem Druck und arbeiten Sie sich in dieser Art die Schädelbasis entlang, bis Ihre Finger am Hinterkopf zusammentreffen. Falls Sie auf weiche Stellen treffen, massieren Sie diese etwas länger. Der Kiefer bleibt dabei die ganze Zeit locker.**

2 Legen Sie die Fingerspitzen auf die Kiefergelenke. Drücken Sie die Fingerspitzen dort fest hinein und lassen Sie sie kleinflächig kreisen. Dabei atmen Sie tief und entspannt. Es mag vorkommen, dass Sie dabei gähnen müssen. Massieren Sie um das ganze Kiefergelenk in kleinen Kreisbewegungen herum und geben Sie dabei so viel Druck, wie Ihnen angenehm ist.

3 Legen Sie die Daumen knapp unter die inneren Ränder der Augenbrauen und kippen Sie den Kopf ganz leicht nach vorne, sodass die Daumen ihn stützen. Lassen Sie den Kiefer locker und atmen Sie langsam und tief weiter. Nun drücken Sie die Brauen schrittweise von innen nach außen zwischen Daumen und Zeigefinger zusammen. Danach legen Sie die Fingerspitzen auf die Schläfen und kreisen, während Sie die Augen dabei geschlossen halten.

Stirnhöhlen-beschwerden

Falls Sie unter verstopften Stirn- und Nebenhöhlen leiden, wissen Sie, wie erschöpfend dies ist. Die Massage mit einer passenden ätherischen Ölmischung (siehe S. 138) hilft, den Sinusbereich frei zu bekommen. Gönnen Sie sich diese Behandlung regelmäßig, wenn Sie unter Erkältung oder Heuschnupfen leiden.

TIPP: **Falls sie die abschwellende ätherische Ölmischung (siehe S. 138) haben, reiben Sie am Anfang der Behandlung ein wenig davon unter die Nase, damit Sie während der Massage die Öle inhalieren.**

1 **Verteilen Sie einen Teelöffel der abschwellenden ätherischen Ölmischung oder Ihres normalen Massageöls über Augenbrauen, Backenknochen und die Nasenflügel. Achten Sie darauf, kein Öl in die Augen zu bekommen. Beginnen Sie mit den Daumen die inneren Enden der Augenbrauen zu massieren – drücken Sie so fest, wie es Ihnen angenehm ist.**

2 Massieren Sie nun mit den Spitzen der Mittel- und Ringfinger Ihre Stirn über dem inneren Rand der Augenbrauen. Drücken Sie mit festen, kleinen Kreisbewegungen den Stirnhöhlenbereich. Um die Behandlung dieses Bereichs abzuschließen, streichen Sie mit den Fingerspitzen beider Hände vom Zentrum weg nach außen.

3 Drücken Sie mit Mittel- und Ringfinger beider Hände seitlich die Nase abwärts. Beginnen Sie damit etwa fingerbreit unter dem Rand der Augenhöhlen. Lassen Sie die Finger so fest wie noch angenehm kleinflächig kreisen und bahnen Sie sich Ihren Weg über die Wangen, während Sie den Konturen der Augenhöhlen folgen. Streichen Sie zum Abschluss einige Male von den Wangen auswärts.

Müde Augen

Jeder, der am Computer arbeitet oder eine Tätigkeit ausübt, die ständig ein genaues Hinschauen verlangt, hat am Ende des Tages meist übermüdete Augen. Diese kurze Massage dauert nur einige Minuten und entspannt den Bereich um die Augen. Versuchen Sie diese mehrmals am Tag anzuwenden, um eine Überlastung der Augen zu vermeiden.

TIPP: **Blicken Sie während der Arbeit auf und fokussieren Sie einen Gegenstand in der Ferne. Oder heben Sie die Augenbrauen und öffnen Sie die Augen weit, dann entspannen und lächeln Sie. Diese einfachen Übungen entspannen die winzigen Muskeln um die Augen.**

1. Stützen Sie die Ellbogen auf einen Tisch und legen Sie die Daumen unter die inneren Enden der Augenbrauen. Schließen Sie die Augen und entspannen Sie den Hals, sodass die Daumen das Gewicht des Kopfes tragen. Lassen Sie die Daumen am Platz kreisen. Atmen Sie ein und dann wieder tief und entspannt aus. Drücken Sie nun mit Daumen und Zeigefinger die Brauen entlang.

2 Lassen Sie die Augen zu und legen Sie die Fingerspitzen auf Augenhöhe knapp unter die Schläfen. Drücken Sie fest hinein und entspannen Sie dabei den Kiefer. Atmen Sie wieder ein und dann tief und langsam aus. Lassen Sie die Fingerspitzen in dieser Position kleine, feste Kreise beschreiben. Atmen Sie dabei tief und entspannt.

3 Zum Abschluss legen Sie die Hände auf die Augen und lassen die Ellbogen dabei immer noch auf dem Tisch. Stützen Sie das Gewicht Ihres Kopfes auf die Handflächen. Schließen Sie die Hände dicht über den Augen, sodass Sie nur Schwarz sehen. Das entspannt die Augen. Bleiben Sie etwa eine Minute in dieser Stellung – der Kiefer ist dabei locker und entspannt und die Atmung tief und regelmäßig.

Verspannte Schultern

Wir alle tragen Spannungen in den Schultern und dies meist unbewusst. Atmen Sie nun ein und beim Ausatmen beobachten Sie, ob sich Ihre Schultern ein wenig senken: wahrscheinlich ja. Diese Massage hilft die Schultern an einem harten Tag zu entspannen.

TIPP: **Die Verspannungen in den Schultern sind mit dem Hals verbunden, der wiederum mit dem Kiefer in Verbindung steht. Um diese Verspannungen tagsüber zu lindern, hilft es, wenn Sie regelmäßig einatmen, bewusst den Kiefer lockern, langsam und tief ausatmen und dabei die Schultern sinken lassen.**

1. Setzen Sie sich bequem auf einen Stuhl mit Rückenlehne. Legen Sie die Fingerspitzen auf dem Hinterkopf neben die Wirbel. Drücken Sie fest hinein und massieren Sie mit festen, kleinen Kreisbewegungen. Setzen Sie das Kreisen entlang des Schädelrands nach außen fort. Eventuell könnte Ihnen das Ganze leichter fallen, wenn Sie den Kopf etwas nach hinten kippen.

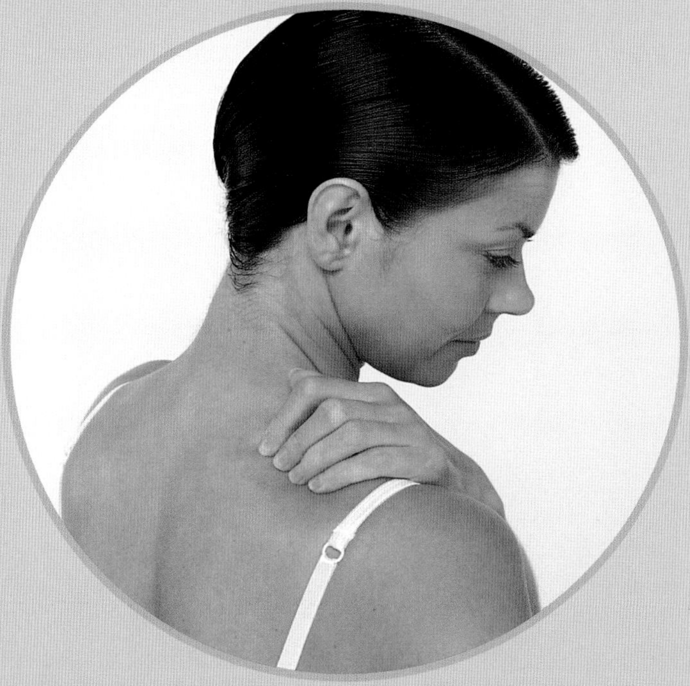

2 Lokalisieren Sie mit der linken Hand den Muskel am Oberrand der linken Schulter. Die Handfläche liegt an der Vorderseite, die Finger auf der Rückseite der Schulter. Nun drücken Sie mehrere Male den Muskel etwas zusammen und heben diesen leicht ab. Dann massieren Sie mit den Fingerspitzen mit kreisenden Bewegungen tief in den Muskel hinein. Verspannte Bereiche massieren Sie länger. Wiederholen Sie das Ganze mit der rechten Hand auf der linken Schulter.

3 Stellen Sie sich nun vor, Sie hätten ein Stück Kreide außen an der Schulter, und zeichnen Sie mit beiden Schultern gleichzeitig zuerst vier große Kreise vorwärts und dann vier Kreise rückwärts. Danach ziehen Sie die Schultern so hoch Sie können und senken Sie danach sehr langsam wieder, bis diese wirklich völlig entspannt hängen. Je langsamer Sie dies tun, desto besser.

Nervöser Magen

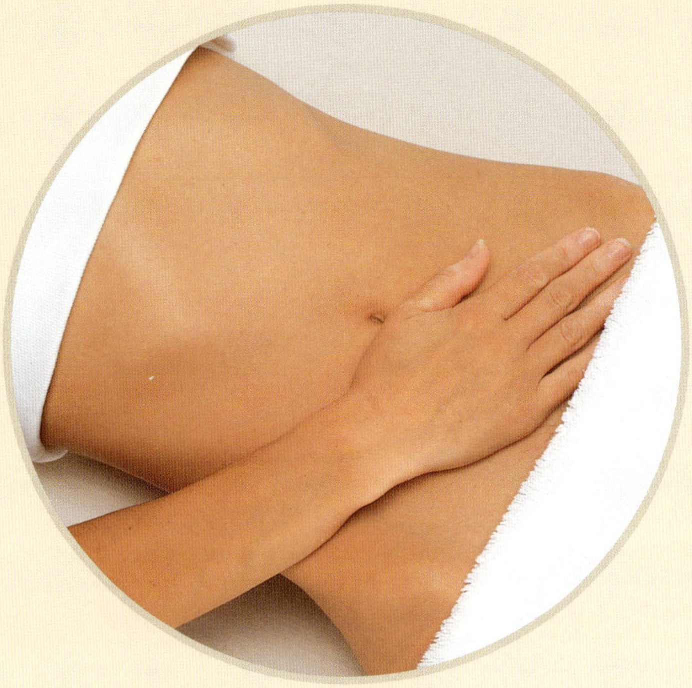

Viele leiden, wenn sie unter Druck stehen, unter einem nervösen Magen. Ob Sie Krämpfe, Durchfall, Verstopfung oder Blähungen haben, diese Behandlung kann helfen, speziell in Kombination mit einer beruhigenden und wärmenden Ölmischung (siehe S. 139).

TIPP: **Diese Behandlung geben Sie sich am besten, wenn Sie nicht in Eile sind. Zeitdruck verschlimmert normalerweise einen nervösen Magen. Organisieren Sie Ihren Tagesablauf so, dass die wichtigen Dinge in Ihrem Leben ohne Stress passieren können. Machen Sie sich bewusst, dass die täglichen Aufregungen oft gar nicht so schlimm sind, wie sie kurzfristig erscheinen.**

1. Legen Sie sich flach hin und ölen Sie den Bauch ein. Lassen Sie die Hände mit großen, langsamen Bewegungen im Uhrzeigersinn um den Bauch kreisen. Schließen Sie dabei die Augen und lockern Sie den Kiefer. Halten Sie ein ruhiges Tempo und atmen Sie langsam und tief. Ihre Hände verbreiten die Botschaft: Ruhe.

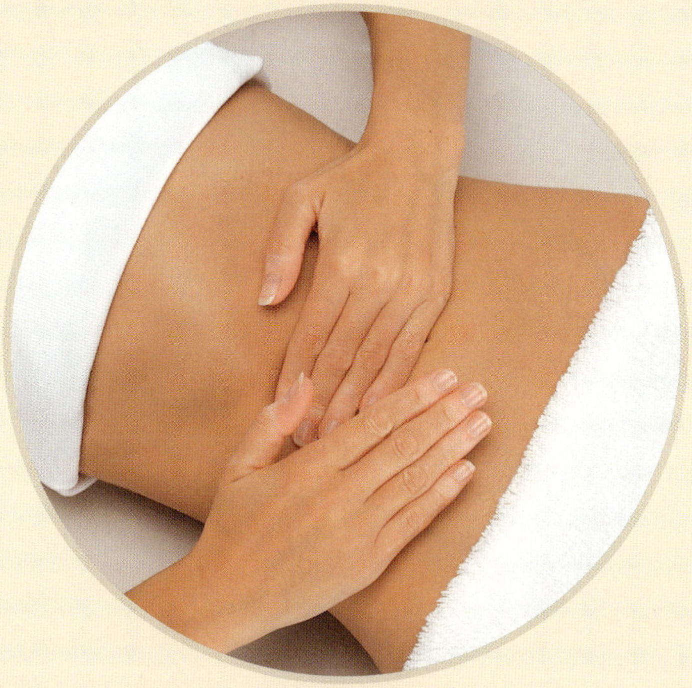

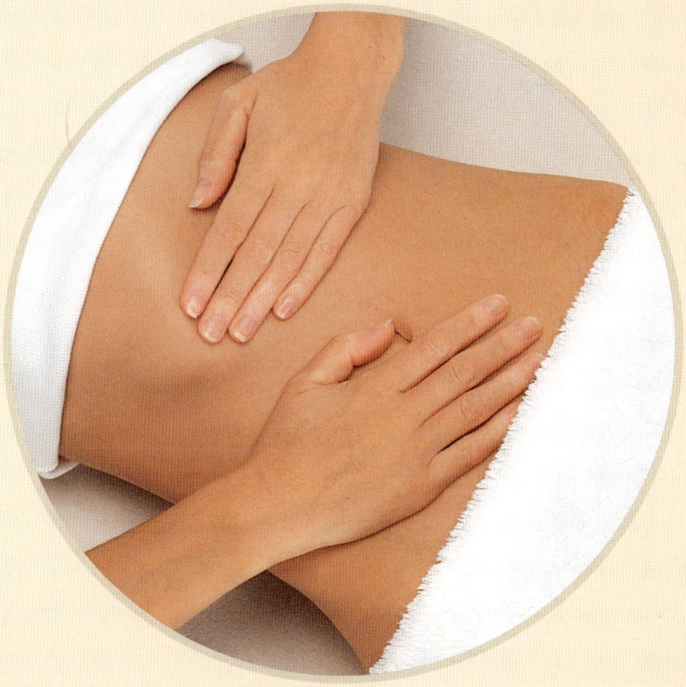

2 Streichen Sie abwechselnd mit beiden Händen die rechte Seite des Bauchs einige Male hinauf. Dann streichen Sie mehrmals mit abwechselnden Händen quer über den Bauch und danach in dieser Weise einige Male die linke Bauchseite hinunter. Die Streichrichtung folgt dem Weg Ihres Dickdarms. Denken Sie dabei immerfort: Ruhe.

3 Machen Sie kreisende Bewegungen – diesmal arbeiten Sie dabei mit beiden Händen. Ihre Arbeitshand beschreibt wie zuvor große Kreise im Uhrzeigersinn, und die andere Hand folgt nach. Wenn die zweite Hand die erste trifft, lassen Sie diese auf die andere Hand gleiten und dann beide Hände gemeinsam kreisen. Die Bewegung soll langsam sein – denken Sie: Ruhe. Setzen Sie das langsame Kreisen einige Minuten fort. Atmen Sie zum Abschluss langsam und entspannt aus.

Verstopfung

Dies ist eine gute Behandlung gegen normale Verstopfung. Die Belastungen des Alltags führen aufgrund von Spannungen, schnell verschlungenen oder ausgelassenen Mahlzeiten zu Verstopfung. Diese Behandlung nimmt man am besten am Abend vor. Hinweis: Falls Sie unter Darmerkrankungen leiden, fragen Sie vor Anwendung der Massage Ihren Arzt.

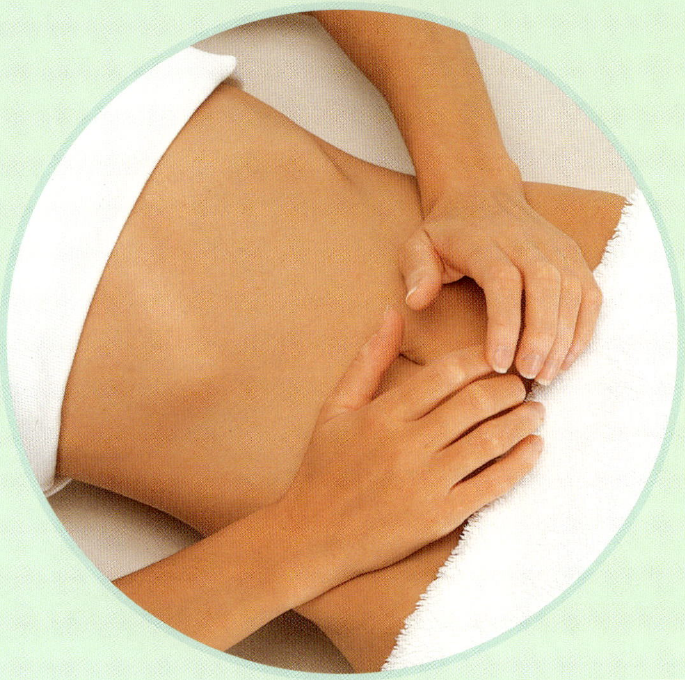

TIPP: **Wenn Sie ausreichend trinken, bekommen Sie nicht so leicht Verstopfung. Versuchen Sie, abgesehen von anderen Getränken, zwei Liter Wasser pro Tag zu sich zu nehmen. Essen Sie regelmäßig und denken Sie daran, mindestens fünf Mal pro Tag Obst oder Gemüse zu essen, um Ihre Darmflora gesund zu halten.**

1. Legen Sie sich flach hin und ölen Sie Ihren Bauch ein. Massieren Sie zuerst über den auf- und absteigenden Dickdarm (siehe S. 21): Legen Sie die Hände flach auf den Bauch, sodass sich die Fingerspitzen fast beim Nabel berühren. Dann drücken Sie die Handwurzeln fest in den Bauch und massieren den Bereich mit kleinen, tiefgehenden Kreisen. Arbeiten Sie sich in dieser Weise so fest als möglich vorne an den Seiten des Bauchbereichs entlang.

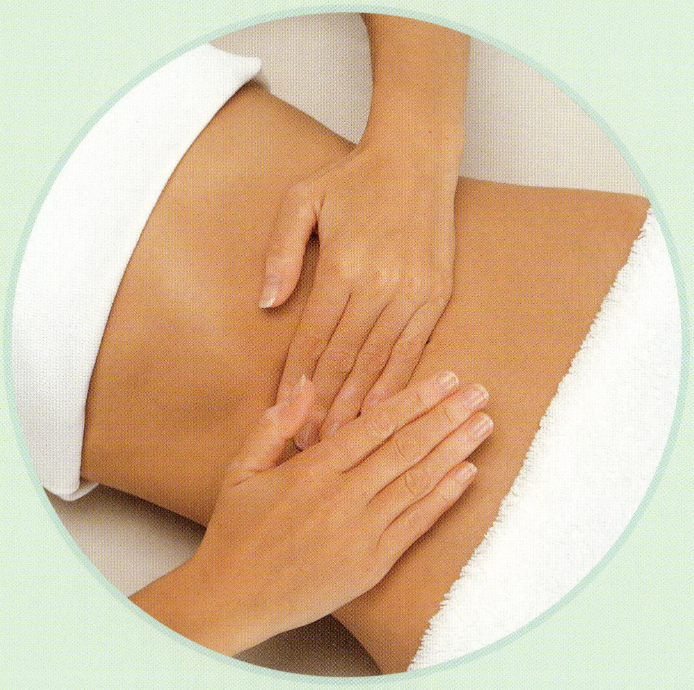

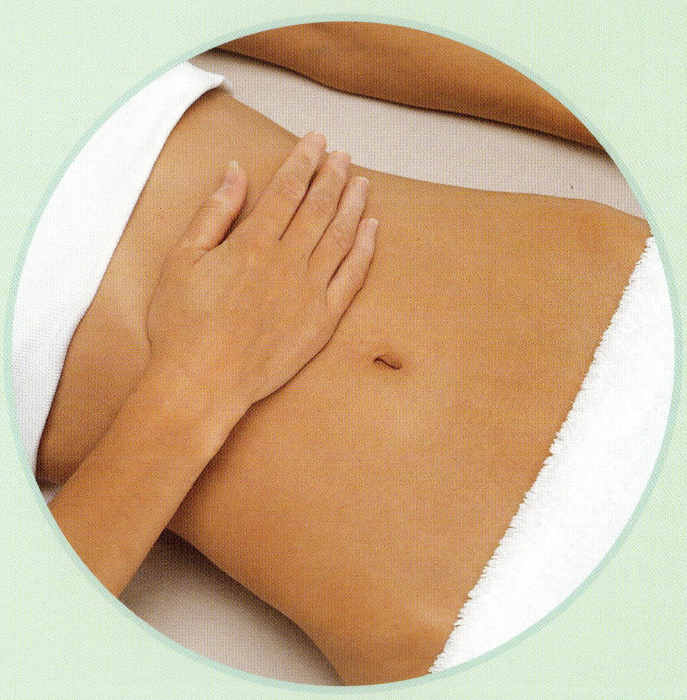

2 Streichen Sie abwechselnd mit beiden Händen mit der Innenseite der Finger fest die rechte Seite hinauf (aufsteigender Dick- oder Grimmdarm), quer über die Mitte (querverlaufender Dickdarm) und die linke Seite hinunter (absteigender Dickdarm). Lassen Sie sich dabei genug Zeit und drücken Sie so fest hinein, wie es noch angenehm ist. Lassen Sie die Bauchmuskulatur dabei entspannt. Arbeiten Sie mit den Fingern immer im Uhrzeigersinn.

3 Legen Sie eine Handfläche mit lockeren Fingern auf den Magen und lassen Sie diese im Uhrzeigersinn kreisen. Drücken Sie so fest, wie es Ihnen noch angenehm ist, und entspannen Sie dabei die Bauchmuskulatur. Üben Sie konstanten Druck aus, während Sie dabei im Uhrzeigersinn über die von Brustkasten und Hüftknochen begrenzte Region kreisen. Zum Abschluss legen Sie Ihre Hand locker unter dem Nabel auf den Bauch.

Regelschmerzen

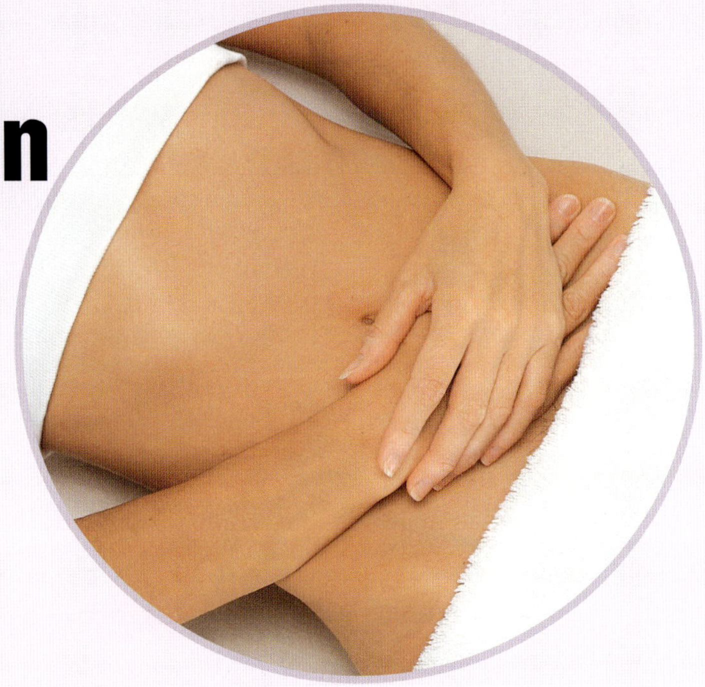

Diese einfache Massage kann wirklich gegen schmerzvolle Krämpfe helfen, besonders wenn Sie eine passende Ölmischung mit wärmenden und beruhigenden ätherischen Ölen (siehe S. 139) verwenden. Falls Sie Zeit haben, nehmen Sie davor ein heißes Bad, da die Wärme die Gebärmuttermuskulatur, die sich verkrampft und den Schmerz auslöst, entspannt.

TIPP: **Falls die Möglichkeit besteht, legen Sie sich nach dieser Behandlung hin und platzieren auf Ihrem Unterleib ein warmes Kirschkern- oder Dinkelkissen. Die Wärme wirkt beruhigend und hilft Ihrer Haut, die Öle weiterhin gut aufzunehmen.**

1 Legen Sie sich auf den Rücken, ölen Sie sich die Hände ein und legen Sie die Hände übereinander auf den Unterbauch knapp über dem Schambein. Atmen Sie ruhig und gleichmäßig und warten Sie, bis die Wärme Ihrer Hände beginnt, in den verkrampften Bereich einzusickern.

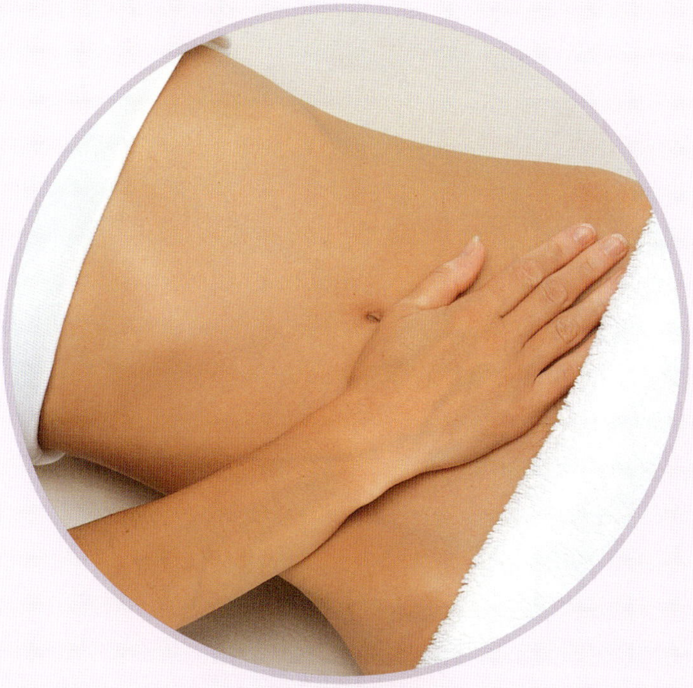

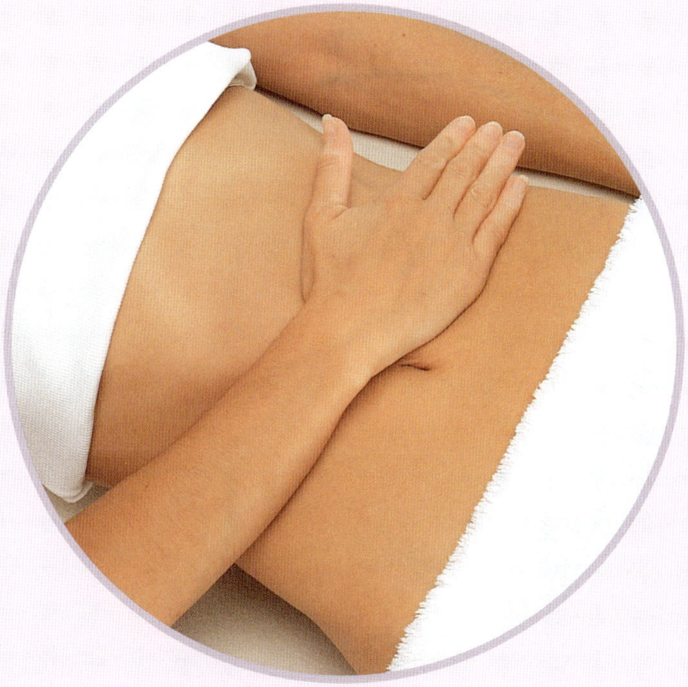

2 Beginnen Sie sehr sanft mit einer Hand unter dem Nabel zu kreisen. Setzen Sie nicht viel Druck ein, atmen Sie ruhig und regelmäßig und erinnern Sie sich daran, dass die Krämpfe bald vergehen werden. Setzen Sie das Kreisen der Handfläche mindestens fünf bis zehn Minuten fort. Die Wärme Ihrer Hand lässt die Haut das Öl besser absorbieren.

3 Wenn die Krämpfe langsam geringer werden, lassen Sie die Kreise langsam größer werden und streichen Sie mit der Handfläche und den Fingern im Uhrzeigersinn um den Bauch. Die Bewegung bleibt sehr langsam. Wenden Sie keinen Druck an, während Sie den ganzen Bereich entspannen. Legen Sie am Schluss die Hände wieder für kurze Zeit über Ihr Schambein auf den Unterleib.

Nervöse Erschöpfung

Sie sollten diese Art der Erschöpfung ernst nehmen – ganz abgesehen davon, dass sie Ihnen die Lebenslust raubt, schwächt sie das Immunsystem. Die Massage hilft Ihnen, sich nervlich zu entspannen, damit Sie Ruhe finden und wieder Energie tanken können.

TIPP: **Falls Sie sich körperlich und emotional ausgelaugt fühlen, ist es Zeit, innezuhalten und einen Blick auf Ihr Leben zu werfen. Ihre Gesundheit ist wertvoll, und Erschöpfung untergräbt sie. Überprüfen Sie Ihre Balance zwischen Arbeit und Leben und überlegen Sie, was Sie ändern müssen, und lernen Sie Ihre Entspannungszeit zu hüten wie ein Rottweiler.**

1 **Schließen Sie zuerst die Augen, atmen Sie aus, atmen Sie tief ein und lassen Sie dann beim Ausatmen einen langen, entspannenden Seufzer los. Verwenden Sie eine beruhigende Ölmischung (siehe S. 139) und ölen Sie sanft Gesicht, Nacken und die Oberseiten der Schultern ein. Massieren Sie mit den Fingerspitzen in kleinen Kreisen über Stirn und Schläfen. Lockern Sie bewusst den Kiefer und atmen Sie entspannt weiter.**

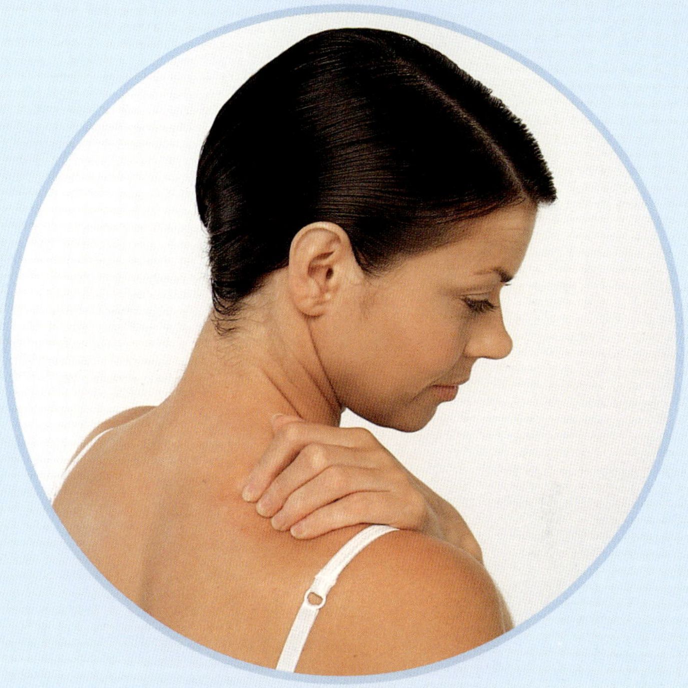

2 Massieren Sie den Nacken mit den Fingerspitzen und lassen sie diese kleinflächig unter dem Schädelrand kreisen. Beginnen Sie dabei hinter den Ohren und arbeiten Sie bis zum Wirbelsäulenansatz hinab. Ihre Augen bleiben dabei geschlossen und der Kiefer weich und entspannt. Massieren Sie mit den Fingern den Nacken. Denken Sie daran, dass das Leben nicht immer so hektisch sein wird.

3 Legen Sie die rechte Hand auf die linke Schulter, die Handfläche ist vorne, die Finger auf dem Rücken. Drücken Sie hier immer wieder die verspannten Muskeln zusammen, bis sie sich weicher anfühlen. Wiederholen Sie dies auf der anderen Seite. Nun legen Sie die Hand auf den oberen Brustkorb und schicken Sie sich selbst die Botschaft: Ich verdiene es, mich zu entspannen. Tun Sie dies zwei bis drei Minuten lang und lassen Sie den Kiefer locker. Atmen Sie am Ende tief aus.

Fußschmerzen

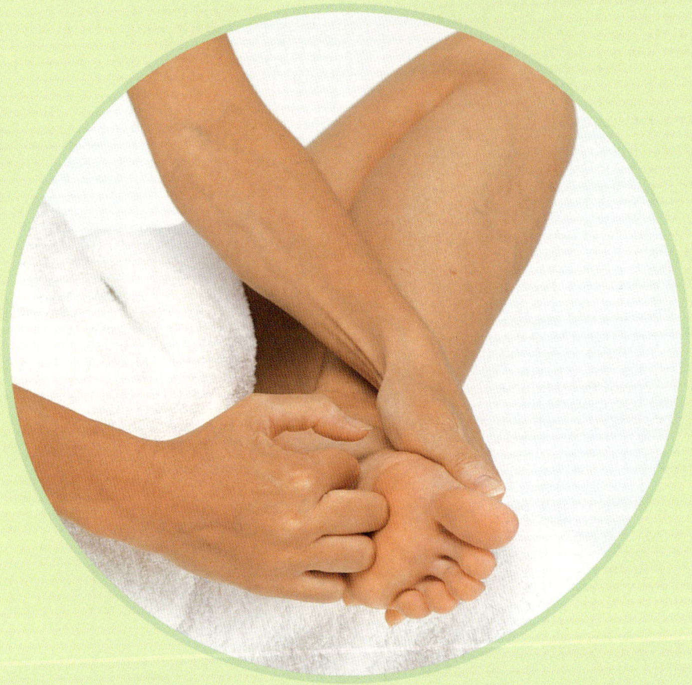

Unsere Füße sind ein Wunderwerk der Technik, das wir noch dazu für selbstverständlich halten. Falls Sie den ganzen Tag auf den Beinen waren, hilft Ihnen diese Massage, die schmerzenden Füße zu regenerieren. Falls es die Zeit erlaubt, machen Sie davor ein fünfminütiges warmes Fußbad und trocknen die Füße vor dem Massieren gut ab.

TIPP: **Lagern Sie Ihre Beine nach dieser Massage hoch, um von der Behandlung optimal zu profitieren. Sind Ihre Füße geschwollen, so legen Sie sich zehn Minuten hin und lagern die Füße höher als den Körper.**

1. Legen Sie den linken Fuß auf ein Handtuch auf dem rechten Knie. Ölen Sie Fuß und Fußgelenk mit einer kühlenden Ölmischung (siehe S. 138) ein. Legen Sie die linke Hand auf den Fuß, um ihn zu stützen, und bearbeiten Sie mit der rechten Hand die ganze Fußsohle gründlich im Kammgriff mit den Fingerknöcheln.

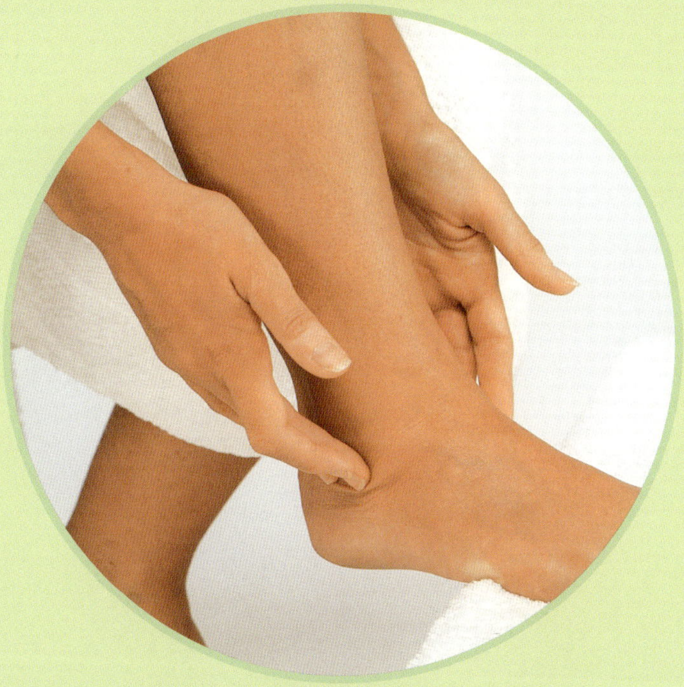

2 Halten Sie den Fuß mit einer Hand und massieren Sie jede Zehe fest mit der anderen Hand. Danach nehmen Sie alle Zehen in die Hand und beugen diese etwas nach unten, als würden Sie eine Spitze formen wollen. Dann nehmen Sie die Zehen zwischen beide Hände und spreizen sie fächerförmig weit auseinander.

3 Nun nehmen Sie eine Ferse in die Hand und streichen auf der Fußoberseite einige Male fest von den Zehen in Richtung Fußgelenk hinauf. Massieren Sie gründlich mit den Fingerspitzen beider Hände um das Fußgelenk herum. Danach umfassen Sie mit beiden Händen die Ferse und drücken den Fuß mehrmals nach oben. Wiederholen Sie den Ablauf beim anderen Fuß. Am Ende lagern Sie die Füße einige Minuten lang hoch.

Schlaflosigkeit

Wenn man nicht abschalten kann oder Ängste hat, kann man schlecht schlafen. Falls es Ihnen so geht, organisieren Sie zuerst den nächsten Tag und gönnen sich einen friedlichen Abend. Nehmen Sie ein warmes (kein heißes) Bad. Vor dem Schlafengehen geben Sie sich diese Massage und verwenden ein beruhigendes und entspannendes Öl (siehe S. 139).

TIPP: **Geben Sie 6 oder 8 Tropen Lavendelöl in Ihr Bad, um den Entspannungsprozess einzuleiten. Beim Schlafengehen sprühen Sie einige Tropfen Lavendelöl auf ein Taschentuch und legen es neben Ihr Kissen. Lavendel unterstützt erwiesenermaßen einen ruhigen Schlaf.**

1 Streichen Sie zuerst die Spannung aus den Augen. Schließen Sie die Augen und massieren Sie mit den Fingerspitzen in kleinen Kreisen den Rand der Augenhöhlen. (Passen Sie auf, kein Öl in die Augen zu bringen.) Lassen Sie die Fingerspitzen weiter zu den Schläfen kreisen. Der Kiefer bleibt dabei locker. Atmen Sie ruhig und regelmäßig.

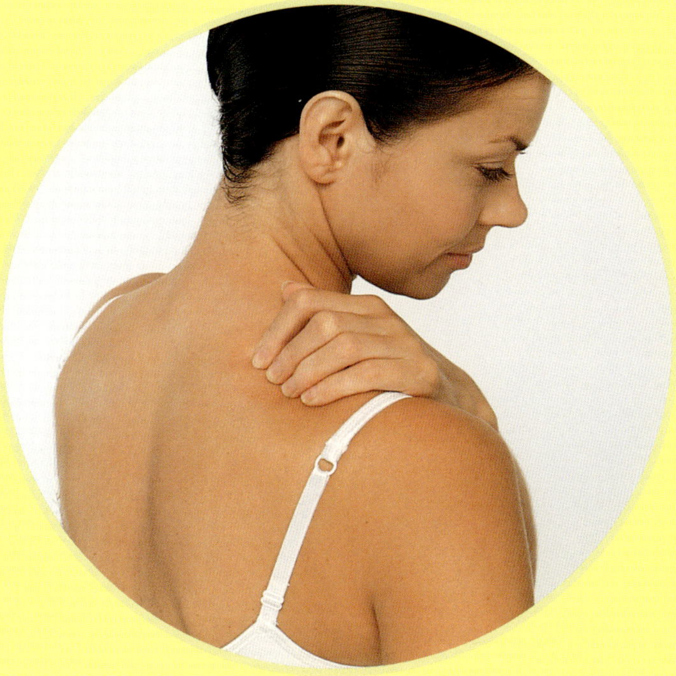

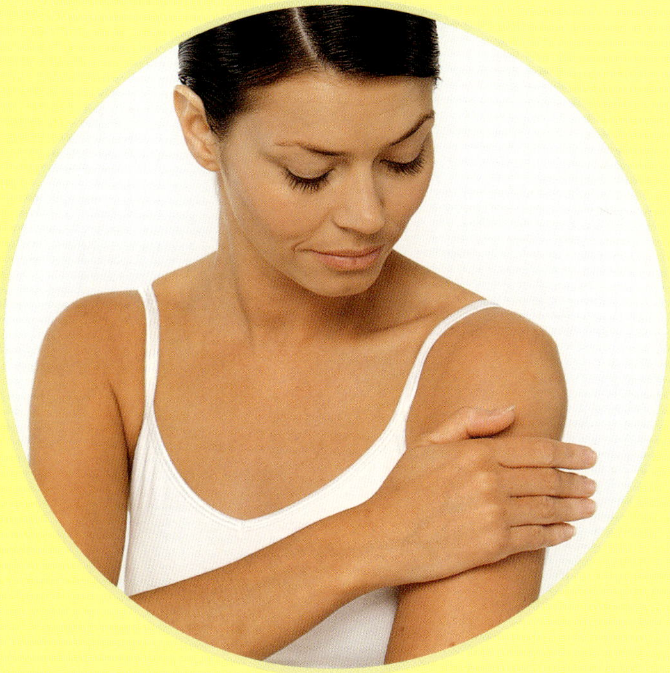

2 Nun kneten Sie die Verspannungen aus den Schultern. Nehmen Sie die Oberseite einer Schulter in die entgegengesetzte Hand, die Handfläche liegt vorne, Finger sind am Rücken. Heben Sie den Muskel ab und drücken Sie ihn zusammen. Beginnen Sie dabei am Nackenansatz und arbeiten Sie die Schulter entlang nach außen. Ihr Kiefer bleibt locker und der Atem entspannt. Wiederholen Sie das Ganze auf der anderen Seite.

3 Nun streichen Sie die letzten Spannungen aus. Legen Sie die rechte Hand auf die linke Seite des Halses. Streichen Sie mit der Hand den Hals hinab, über die Schulter und den Arm entlang bis über die Fingerspitzen hinaus. Wiederholen Sie dies mehrere Male und stellen Sie sich dabei vor, wie Sie die Restspannungen wegfegen. Wiederholen Sie das Ganze auf der anderen Seite. Lassen Sie den Kiefer entspannt und atmen Sie ruhig, während Sie zu Bett gehen.

KAPITEL 6: Einfache Massageöle

Wenn Sie Öl in Ihre Hand gießen, um eine andere Person zu massieren, dann setzen Sie eine alte Heiltradition fort. Schon vor Jahrhunderten verwendeten Heiler aus Oliven, Mandeln und anderen Pflanzen gepresstes Öl, verteilten es auf ihren Händen und begannen die Massage, so wie Sie es heute tun. Es gibt ein weites Spektrum an Pflanzenölen, die uns die Fülle der Natur schenkt und die sich wunderbar zum Massieren eignen.

In diesem Kapitel stelle ich Ihnen einige der besten erhältlichen Trägeröle vor – sowohl gute Basisöle für den alltäglichen Gebrauch als auch Spezialöle für bestimmte Beschwerden – und gebe Ihnen Richtlinien für deren Erwerb und richtige Lagerung. Des Weiteren werde ich Ihnen erklären, wie Sie ätherische Öle in Ihr Massageöl mischen, und Ihnen klare Ratschläge zum sicheren Umgang mit ätherischen Ölen geben. Danach verrate ich Ihnen eine Auswahl von »Rezepten« von wirksamen, sicheren und aromatischen Massageölmischungen, die Sie selbst ausprobieren können.

Verwendung von Ölen

Die Öle, die Sie zum Massieren verwenden, sind ein grundlegender Teil der Behandlung, die Sie geben. Sie sind jedoch auch ein Teil der Möglichkeit, Ihre Behandlung genau auf den jeweiligen Empfangenden zuzuschneiden und damit die Heilwirkung der Massage noch zu steigern. Wo und wie Sie Ihre Öle kaufen und lagern, wie Sie sie mischen und wie Sie diese sicher anwenden, sind alles ausschlaggebende Faktoren, um Ihrem Partner die bestmögliche Behandlung zu geben.

ÖLE KAUFEN

Die Qualität eines Öls hängt in erster Linie von der Qualität der ursprünglichen Pflanzen ab. Faktoren, wie Boden und Klima ihrer Herkunft, ob sie mit Pestiziden behandelt wurden, wild wachsen oder kultiviert werden, wirken sich ebenso auf ihre Qualität aus wie weitere Aspekte auf ihrem Weg von der Pflanze in die Flasche. Dabei ist es hilfreich zu wissen, wie das Öl aus der Pflanze extrahiert, ob es mit Chemikalien behandelt und wie es versandt und gelagert wurde. All diese Faktoren beeinflussen die Qualität des Öls, darum beziehen Sie Ihre Öle möglichst von einem sachkundigen Lieferanten, der sich hoher Qualität verschrieben hat und Ihnen auch etwas über die Öle, die er vertreibt, erzählen kann.

ÖLE VERWAHREN

Alle Öle, egal ob Trägeröle oder ätherische Öle, müssen in dunklen und gut verschlossenen Glasflaschen und an einem kühlen, dunklen Ort – ein

Kühlschrank ist ideal – gelagert werden. Der Grund dafür ist, dass UV-Licht und Hitze die Degradation von Öl beschleunigen und seine Haltbarkeit verkürzen. Die meisten Öle halten im Kühlschrank etwa zwei Jahre und etwa halb so lang, wenn sie nicht im Kühlschrank, jedoch kühl und dunkel gelagert werden.

Verwahren Sie ätherische Öle außerhalb der Reichweite von Kindern, da sie hochkonzentrierte Substanzen sind, die, pur zu sich genommen oder auf die Haut gebracht, schädlich sein können. Da sie entflammbar sind, halten Sie sie auch von offenem Feuer fern. Vermeiden Sie es, ätherische Öle auf polierte oder lackierte Oberflächen zu bringen – jeder Tropfen hinterlässt einen Fleck –, und wischen sie verschüttetes Öl immer sofort weg.

ÖLE MISCHEN

Die Hinzugabe von ätherischen Ölen ins Trägeröl ergibt eine herrliche Aromamischung, die Ihrer Massage eine weitere Dimension verleiht. Vor der Zugabe der ätherischen Öle ist es jedoch wichtig, diese richtig zu verdünnen und etwaige Kontraindikationen bei der zu behandelnden Person herauszufinden. Sollten Sie in irgendeiner Weise über die Anwendung von ätherischen Ölen bei Ihrem Massagepartner unsicher sein, fragen Sie bei einem qualifizierten Aromatherapeuten um Rat.

Um eine ätherische Ölmischung herzustellen, benötigen Sie einen kleinen, sauberen Plastikmessbecher und einen Löffel zum Umrühren. Leeren Sie zuerst die gewählte Menge an Trägeröl hinein. (Für mehr Information über Trägeröle schlagen Sie auf

S. 130–137 nach.) Sie brauchen, grob gesprochen, für eine Rückenmassage etwa 2 TL (10 ml) und für eine Ganzkörpermassage rund 4 TL (20 ml) bis 6 TL (30 ml) – abhängig von der Größe der Person, die Sie massieren wollen. Danach fügen Sie die korrekte Anzahl Tropfen des ätherischen Öls dazu. Die Standardverdünnung beträgt 2%. Dies heißt, dass Sie jeweils zu 1 TL (5 ml) Trägeröl 2 Tropfen ätherisches Öl dazugeben. In gewissen Situationen ist eine schwächere Verdünnung angebracht – lesen Sie dazu die nachfolgenden Sicherheitsrichtlinien. Denken Sie daran, dass nicht nur Ihr Partner von den aromatherapeutischen Wirkungen der ätherischen Öle profitieren wird, sondern auch Sie als Massierender. Auf Seite 138–139 finden Sie einige Aromamischungen zum Ausprobieren.

SICHERHEITSRICHTLINIEN FÜR ÖLMISCHUNGEN

- Eine 2%ige Standardverdünnung ist für jeden, der bei guter Gesundheit und über zwölf Jahre alt ist, geeignet. Für Kinder zwischen drei und zwölf Jahren sollten Sie eine 1%ige Verdünnung verwenden, wenn Sie sie mit ätherischen Ölen massieren wollen. Kleinkinder zwischen sechs Monaten und drei Jahren können mit Mischungen massiert werden, die sehr geringe Mengen an ätherischen Ölen enthalten, ich würde Ihnen jedoch raten, sich Ihre Mischungen für diese Altersgruppe von einem professionellen Aromatherapeuten herstellen zu lassen. Babys unter sechs Monaten sollten nur mit einem Trägeröl massiert werden – verwenden Sie ein qualitatives Sonnenblumen- oder Olivenöl und vermeiden Sie Nussöle.

- Sollte Ihre Massagepartnerin schwanger sein, ist es am sichersten, während des ersten Trimesters überhaupt keine ätherischen Öle zu verwenden. Für die weiteren Stadien der Schwangerschaft befragen Sie einen Aromatherapeuten, da gewisse ätherische Öle während der gesamten Schwangerschaft vermieden werden sollten. Die angebrachte Verdünnung für schwangere Frauen sollte 1% oder weniger betragen. Das bedeutet, dass Sie nur einen Tropfen ätherischen Öls auf 1 TL (5 ml) Trägeröl geben sollten.
- Verwenden Sie eine 1%ige Verdünnung bei ätherischen Ölmischungen, wenn Sie jemanden, der älter oder gebrechlich ist oder der trockene oder empfindliche Haut hat, massieren. Alle genannten Gruppen zeigen hinsichtlich bestimmter Eigenschaften und Wirkungsweisen von ätherischen Ölen eine größere Sensibilität.
- Wenn Sie in Ihren Ölmischungen Zitrusöle verwenden, sagen Sie dem Massierten, dass diese seine Haut sonnenempfindlicher machen und er am Tag der Behandlung Sonne und Solarium vermeiden soll.
- Falls Ihr Massagepartner homöopathisch behandelt wird, fragen Sie dessen Homöopathen, bevor Sie ihn mit ätherischen Ölmischungen massieren, da manche Ölessenzen homöopathische Mittel unwirksam machen.
- Hat Ihr Partner Epilepsie oder hohen Blutdruck, konsultieren Sie vor dem Gebrauch von ätherischen Ölen dessen Arzt und einen Aromatherapeuten, da Sie allzu anregende Öle vermeiden müssen.

Süßes Mandelöl (*Prunus dulcis*)

Die im Mittleren Osten beheimatete Mandel wird seit Tausenden von Jahren kultiviert. Heute wächst sie auch im Mittelmeerraum und Kalifornien. Sie wird bis zu 5 Meter hoch und steht im Frühling in rosa und weißer Blüte. Die kleinen, grünen Aprikosen ähnelnden Früchte enthalten die Mandelkerne.

Mandelöl ist eines der beliebtesten Massageöle. Es hat eine hellgelbe Farbe, ist leicht zähflüssig und sehr ölig und besitzt einen zart süßlichen Duft. Die beste Ölqualität wird durch Kaltpressung der Kerne erreicht.

THERAPEUTISCHE EIGENSCHAFTEN

Falls Sie nur ein Öl zum Massieren kaufen wollen, dann wählen Sie süßes Mandelöl. Es ist einfach in der Anwendung, für alle Hauttypen geeignet, ein guter Weichmacher und lindert und nährt trockene Haut. Außerdem ist es entzündungshemmend und mindert Juckreiz, ausgelöst durch Ekzeme, Schuppenflechte (Psoriasis), Hautentzündung (Dermatitis) und trockene Haut. Es ist auch ein gutes Trägeröl für Ölmischungen, da es nicht allzu teuer und relativ neutral in Viskosität und Aroma ist.

Jojobaöl (*Simmondsia chinensis*)

Jojoba ist ein immergrüner Busch mit ledrigen, blaugrünen Blättern, der bis zu 2 Meter hoch wird. Er ist in Wüstenregionen Südkaliforniens und Arizonas sowie im Nordwesten Mexikos ansässig. Die Hülse der Jojobafrucht färbt sich von Grün zu Braun, um dann aufzuspringen und die Samen, die Kaffeebohnen ähneln, zur Erde fallen zu lassen.

Jojoba ist eigentlich kein Öl, sondern ein goldfarbenes flüssiges Wachs mit einem schwachen, leicht süßlichen Duft. Dieses Wachs wird durch Zerstampfen der Jojobabohnen gewonnen.

THERAPEUTISCHE EIGENSCHAFTEN

Jojoba eignet sich für alle Hauttypen. Es kann pur angewandt oder 50:50 mit Mandelöl gemischt werden. Es pflegt und nährt trockene, reife oder ältere Haut. Außerdem enthält es einen entzündungshemmenden Wirkstoff. Als solches eignet es sich für die sanfte Massage von arthritischen oder rheumatischen Gelenken oder unter Hautentzündung (Dermatitis) leidender Stellen. Es hilft gegen trockene Kopfhaut, gegen rissige Haut, Windelausschlag oder Sonnenbrand.

Ringelblumenöl (*Calendula officinalis*)

Ringelblumenöl gewinnt man aus den orangefarbenen Blüten der Ringelblume, die im Mittelmeerraum ihren Ursprung hat und seit dem Mittelalter kultiviert wurde. Heute wächst sie auf der ganzen Welt. Das Öl wird durch Mazerieren gewonnen, was so viel heißt, dass die Blüten in Pflanzenöl eingelegt werden – oft in biologisches Sonnenblumenöl, das gegen Ranzigkeit geschützt wurde. Die therapeutischen Wirkstoffe werden durch das Pflanzenöl gelöst, welches dann zur Massage verwendet wird. Wie alle mazerierten Öle ist das Produkt teuer, Sie können es jedoch 50:50 mit Mandelöl mischen. Dabei werden nicht nur die Kosten reduziert, sondern auch die Wirkungen beider Öle kombiniert. Ringelblumenöl hat eine blasse gelborange Farbe und duftet kaum.

THERAPEUTISCHE EIGENSCHAFTEN

Ringelblume ist ein mildes, heilsames Öl. In einer Mischung hilft es bei Ausschlägen, Dermatitis oder bei jeglicher trockener, juckender Hauterkrankung. Es kann kleinflächig pur angewandt werden, wie im Gesicht gegen Besenreiser (Teleangiektasien) oder am Babypo gegen Windelausschlag.

Avocadoöl (*Persea americana*)

Der Avocadobaum kommt ursprünglich aus tropischen und subtropischen Zonen Amerikas. Mittlerweile wird er in vielen Ländern, besonders in Spanien und Israel, angebaut. Avocadoöl wird aus dem getrockneten Fruchtfleisch von beschädigten Avocados, die nicht als Frucht verkauft werden können, gepresst. Die Kosmetikindustrie verwendet zum Großteil raffiniertes Avocadöl – zum Massieren sollten Sie jedoch wegen seiner wertvollen therapeutischen Eigenschaften das unraffinierte, grüne, kaltgepresste Öl verwenden. Es ist manchmal trüb und hat einen schwachen Avocadoduft.

THERAPEUTISCHE EIGENSCHAFTEN

Avocadoöl ist ein exzellenter Weichmacher. Es heißt, es dringt zu einem höheren Grad in die Epidermis ein als andere Pflanzenöle. Als solches ist es ein besonders gutes Trägeröl für ätherische Ölmischungen. Es ist feuchtigkeitsspendend und für trockene, reife oder zu Entzündungen neigende Haut empfehlenswert. Da das kaltgepresste Öl teuer ist, können Sie es 50:50 mit Mandelöl mischen, wenn Sie ein gut fettendes Öl brauchen.

Nachtkerzenöl (*Oenothera biennis*)

Die Nachtkerze ist ein essbare Pflanze, die in Nordamerika ihren Ursprung hat und seit langem wegen ihrer heilenden Kräfte angewandt wird. 1619 fand sie in Europa Eingang und ist nun im ganzen Mittelmeerraum verbreitet. Ihre leuchtend gelben Blüten blühen am frühen Abend auf und sterben dann schnell ab, um kleine Hülsen zu bilden, die winzige Samen enthalten, die man zu einem blassgelben Öl mit mildem Aroma presst.

THERAPEUTISCHE EIGENSCHAFTEN

Dieses Öl hilft gegen trockene, schuppige Haut und gegen Schuppenflechte und Ekzeme. Es kann die Wundheilung beschleunigen, doch da frisches Narbengewebe nicht massiert werden darf, sollte es nur am restlichen Körper angewandt werden.

Mischen Sie es 50:50 mit einem nährenden Öl wie Jojoba für eine Gesichtsmassage für reife Haut. Dies kombiniert die Wirkung beider Öle.

Hinweis: Das Öl ist sehr ungesättigt und weniger haltbar als viele andere Öle – es oxidiert, wenn es Licht oder Luft ausgesetzt wird. Kaufen Sie es in kleinen Mengen und lagern Sie es kühl und dunkel.

Pfirsichkernöl *(Prunus persica)*

Der Pfirsichbaum wird etwa 5 Meter hoch und kommt ursprünglich aus China. Alexander der Große fand ihn im 4. Jahrhundert v. Chr. in Persien vor. Ende des ersten Jahrhunderts n. Chr. brachten die Römer die Frucht, die sie »persischen Apfel« nannten, nach Europa. Obwohl die Frucht erst im 17. Jahrhundert nach Amerika kam, sind mittlerweile Kalifornien und Texas die Hauptproduzenten. Die beste Ölqualität erreicht man durch Kaltpressung der Kerne, welche ein blasses, duftloses Öl ergibt.

THERAPEUTISCHE EIGENSCHAFTEN

Pfirsichkernöl ist besonders gut bei sensibler, trockener oder alternder Haut und kann pur für Gesichtsmassagen verwendet werden.

Als mildes und gut verträgliches Öl ist es für jeden, dessen Haut leicht reizbar ist, geeignet. Es nährt die Haut und macht sie besonders weich. Pfirsichkernöl mildert auch Juckreiz; daher ist es gut für jene geeignet, die unter Dermatitis oder Ekzemen leiden – Hautreizungen, bei denen die Haut austrocknet.

Hagebuttenöl (*Rosa canina*)

Die Heckenrose oder Hagebutte wächst wild in den Anden, hauptsächlich in Chile und Peru. Ihre weißen und rosa Blüten bilden schließlich rote Früchte, die Hagebutten. 70% des Gewichts der Hagebutte machen die Samen aus, die die Basis für das Öl darstellen. Diese ergeben kaltgepresst ein rotgoldenes Öl mit einem schwachen Rizinusölaroma.

THERAPEUTISCHE EIGENSCHAFTEN

Hagebuttenöl hilft der Hautregeneration, und es wurde festgestellt, dass es vorzeitige Hautalterung bremst. 50:50 mit Jojobaöl gemischt eignet es sich wunderbar für eine Gesichtsmassage für reife Haut. Hagebuttenöl fördert die Bildung von gesundem Narbengewebe. Sie sollten zwar keine frischen Narben massieren, können der Person jedoch Hagebuttenöl zum Auftragen auf die Wunde geben, um die Heilung zu beschleunigen. Es hilft auch bei zu Ausschlag neigender Haut.

Hinweis: Achten Sie darauf, Hagebuttenöl zu kaufen, das zum Massieren geeignet ist – Hagebuttenrohöl wird oft mit Lösemitteln extrahiert und ist nicht zu Massagezwecken geeignet.

Weizenkeimöl (*Triticum aestivum*)

Weizen kommt ursprünglich aus Westasien und ist nun weltweit in subtropischen und gemäßigten Zonen verbreitet. Das Getreide, dessen Halme jeweils eine Ähre mit bis zu hundert Blütenbündel tragen, wird bis zu 1 Meter hoch. Das Öl wird aus den Weizenkeimen, die etwa 3% jedes Korns ausmachen, extrahiert. Die Keime werden mit kaltgepresstem Pflanzenöl gemischt, das sie absorbiert. Dieses Produkt wird nochmals kaltgepresst und gibt ein mazeriertes Öl ab, das aus einem Drittel Weizenkeimöl und zwei Drittel Pflanzenöl besteht. Es ist golden mit starkem »Weizenduft«.

THERAPEUTISCHE EIGENSCHAFTEN

Weizenkeimöl enthält lipid- und damit fettlösliche Vitamine, die trockene Haut regenerieren können. Es kann gegen Hautentzündung helfen und müde Muskeln entspannen. Daher eignet es sich für Massagen nach dem Training. Weizenkeimöl ist zähflüssig, verdünnen Sie es daher 50:50 mit Mandelöl. Hinweis: Jeder, der gegen Weizenmehl allergisch ist, sollte das Öl meiden, da die Haut darauf reagieren könnte.

Ölmischungen

Informationen zu ätherischen Ölen hinsichtlich Sicherheit und Richtlinien zur Herstellung eigener Massagemischungen finden Sie auf den Seiten 126 bis 129.

BERUHIGEND UND ENTSPANNEND (2% Verdünnung)
Diese Mischung hilft beim Stressabbau und gegen Schlaflosigkeit.

Ätherische Öle:
3 Tropfen Römische Kamille (*Anthemis nobilis*)
3 Tropfen Majoran (*Origanum majorana*)
2 Tropfen Lavendel (*Lavandula officinalis*)

Trägeröl:
4 TL (20 ml) Mandelöl

ABSCHWELLEND (2% Verdünnung)
Für die symptomatische Erleichterung von Erkältungen und verstopften Stirnhöhlen.

Ätherische Öle:
2 Tropfen Eukalyptus (*Eucalyptus globulus*)
1 Tropfen Teebaum (*Melaleuca alternifolia*)
1 Tropfen Weihrauchöl (*Boswellia carterii*)

Trägeröl:
2 TL (10 ml) Mandelöl

ENTSPANNEND UND KÜHLEND (2% Verdünnung)
Diese Mischung hilft gegen Kopfschmerzen oder bei einer Fußmassage gegen schmerzende oder müde Füße.

Ätherische Öle:
2 Tropfen Lavendel (*Lavandula officinalis*)
2 Tropfen Pfefferminze (*Mentha piperta*)

Trägeröl:
2 TL (10 ml) Mandelöl

ANREGEND UND ENTGIFTEND (2% Verdünnung)
Eine gute Mischung für eine Behandlung einer Person gleich nach dem Training.

Ätherische Öle:
3 Tropfen Majoran (*Origanum majorana*)
3 Tropfen Rosmarin (*Rosmarinus officinalis*)
2 Tropfen Wacholderbeere (*Juniperis communis*)

Trägeröle:
1 TL (5 ml) Avocado
3 TL (15 ml) Mandelöl

EMPFINDLICHE HAUT (1% Verdünnung)
Eine gute Allround-Mischung für jene, die unter empfindlicher Haut leiden.

Ätherische Öle:

2 Tropfen Sandelholz (*Santalum album*)
1 Tropfen Weihrauchöl (*Boswellia carterii*)
1 Tropfen Geranium (*Pelargonium graveolens*)

Trägeröle:

2 TL (10 ml) Pfirsichkern- *oder* Ringelblumenöl
2 TL (10 ml) Mandelöl

BERUHIGEND UND WÄRMEND (2% Verdünnung)
Diese Mischung hilft beim Entspannen und kann Menstruationsschmerzen lindern.

Ätherische Öle:

4 Tropfen Majoran (*Origanum majorana*)
4 Tropfen Römische Kamille (*Anthemis nobilis*)
2 Tropfen Jasmin (*Jasminum officinale*) oder Rose (*Rosa centifolia* oder *Rosa damascena*) oder Lavendel (*Lavandula officinalis*)

Trägeröle:

2 TL (10 ml) Avocadoöl
2 TL (10 ml) Mandelöl

BERUHIGEND UND KRAMPFLÖSEND (2% Verdünnung)
Diese Mischung mindert die Symptome nervöser Erschöpfung und eines nervösen Magens.

Ätherische Öle:

3 Tropfen Muskatellersalbei (*Salvia sclarea*)
3 Tropfen Römische Kamille (*Anthemis nobilis*)
2 Tropfen Neroli (*Citrus aurantium*) oder Petitgrain (*Citrus aurantium*)*

Trägeröle:

2 TL (10 ml) Avocadoöl
2 TL (10 ml) Mandelöl

STÄRKEND UND ANREGEND (2% Verdünnung)
Eine gute Mischung, um jemanden vor dem Training zu massieren oder eine Person zu behandeln, die unter Verstopfung leidet.

Ätherische Öle:

4 Tropfen Rosmarin (*Rosmarinus officinalis*)
2 Tropfen Schwarzer Pfeffer (*Piper nigrum*)
2 Tropfen Bitterorange (*Citrus aurantium*)*

Trägeröle:

4 TL (20 ml) Mandelöl

***Bitterorange, Neroli und Petitgrain haben alle den gleichen botanischen Namen, stammen jedoch von unterschiedlichen Teilen der Pflanze.**

Bibliographie

Harding, Jennie *Aromatherapy Massage for You*, Duncan Baird Publishers (London), 2005

Harrold, Fiona *The Massage Manual*, Headline Book Publishing (London) 1992

Leboyer, Frederick *Loving Hands: The Traditional Art of Baby Massage*, Newmarket Press (New York), 1997

Maxwell-Hudson, Clare *Aromatherapy Massage Book*, Dorling Kindersley (London), 1994

Price, Len *Carrier Oils for Aromatherapy and Massage*, Riverhead (Stratford-upon-Avon), 1999

Price, Shirley *Aromatherapy for Common Ailments*, Gaia Books Ltd (London), 1991

Smith, Karen *Massage: The Healing Power of Touch*, Duncan Baird Publishers (London) 1999

Register

Danksagungen

Ich möchte allen Mitarbeitern von DBP dafür danken, dass meine Bücher so sorgfältig und schön produziert werden. Im Besonderen geht mein Dank an Becky Miles, meine Lektorin, Matthew Ward, den Fotografen, Rachel Cross, die Artdirektorin, und Justin Morey, der die CD aufgenommen hat. Des Weiteren möchte ich mich bei Tamsin Mori für ihre hilfreichen Ideen bedanken.